AF451022

50

AÑOS DE HISTORIA DE LA FACULTAD DE DERECHO UNIVERSIDAD PANAMERICANA

5

50 AÑOS DE HISTORIA DE LA FACULTAD DE DERECHO UNIVERSIDAD PANAMERICANA

5

DERECHO CIVIL

José Antonio Sánchez Barroso

Coordinador

Primera edición, 2023.

50 AÑOS DE HISTORIA DE LA FACULTAD DE DERECHO
UNIVERSIDAD PANAMERICANA
Volumen 5

DERECHO CIVIL
José Antonio Sánchez Barroso (Coordinador)

Directores de la colección: José María Soberanes Díez y Manuel Andreu Gálvez

Diseño de portada: Rosario Ivonne Lara Alba
Imagen de portada: Universidad Panamericana
Cuidado editorial: Santi Ediciones

ISBN: 978-607-8826-27-8

Universidad Panamericana, Campus México
Jerez 10, Insurgentes Mixcoac, Benito Juárez,
Ciudad de México, México, C.P. 03920
Conmutador: +52 55 5482 1600
www.up.edu.mx
Impreso en México / *Printed in Mexico*.

ÍNDICE

PRESENTACIÓN
DE LA COLECCIÓN

En el año 2020 la Facultad de Derecho de la Universidad Panamericana cumplió 50 años de actividad ininterrumpida formando abogados y, en esa medida, participando activamente en la historia reciente de la cultura jurídica en México. Con ocasión de este aniversario, por iniciativa de varios profesores y el apoyo de las autoridades, se han preparado una serie de libros mediante los cuales manifestamos el jubileo por las cinco décadas de labor y servicio, a través de la forma que nos es más próxima y familiar: compartiendo el pensamiento, la reflexión y la experiencia acerca de la práctica jurídica en clave académica. Celebro la publicación de los mismos, y agradezco el entusiasmo y disposición de todos los implicados en esta iniciativa que ahora ve la luz.

Para cualquier institución celebrar un aniversario es siempre motivo de alegría y agradecimiento. Un aniversario de plata añade a lo anterior la ratificación del compromiso por cumplir la finalidad de hacer de nuestra Facultad de Derecho un espacio de excelencia académica. Se trata del propósito que animó a esos primeros profesores y alumnos del Instituto Panamericano de Humanidades que iniciaron sus labores el 25 de septiembre de 1970, y en el cual, generación tras generación, década tras década, han perseverado fielmente quienes hemos integrado e integran a su comunidad académica.

A los lectores de los libros que componen la colección del L Aniversario de la Facultad de Derecho auguro abundantes frutos intelectuales; cada uno de los capítulos incluidos en ellos son el resultado de una reflexión seria sobre cuestiones de interés en cada materia, que mueve a su vez al pensamiento bien sea para comprender mejor las cuestiones tratadas, bien para iniciar una nueva serie de inquietudes y preguntas que nos impulsen y ayuden a profundizar en el conocimiento de la rica y compleja realidad del Derecho.

Finalmente, aprovecho la ocasión para manifestar mi agradecimiento a los profesores que han coordinado cada uno de los libros con los que celebramos este aniversario, así como a los autores de sus capítulos: tanto profesores de nuestro claustro, como invitados. Gracias por sumarse a la celebración del L Aniversario, pero sobre todo gracias por sus invaluables aportaciones al robustecimiento de nuestra comunidad académica tanto en el aula como fuera de ella.

Dr. Fernando Batista Jiménez
Director de la Facultad de Derecho
Universidad Panamericana,
Mixcoac, agosto 2022

∽

INTRODUCCIÓN

La vida universitaria –ya sea como profesor o como alumno– supone la búsqueda incansable de la verdad. En la universidad se adquieren conocimientos que permiten reconocerse a sí mismo y comprender mejor el mundo y el tiempo en que se vive, para con ello abonar a la propia realización personal y al desarrollo de la sociedad. En este sentido, el deseo de conquistar la verdad mueve a la razón para ir más allá de lo evidente, parcial, factual, temporal o conveniente. El auténtico *ethos* universitario es exigente en cuanto a sus métodos y formas de pensamiento pues, por un lado, advierte la capacidad natural que tiene la persona para conocer la verdad y; por otro, confía en que sí es posible alcanzar una verdad universal y objetiva.

Sin embargo, hoy debemos preguntarnos si la universidad se ha de conformar solo con la enseñanza profesional y con la investigación científica o si, por el contrario, puede ofrecer "algo más". Ese "algo más" que la universidad ofrece y, sobre todo, la Universidad Panamericana consiste en fomentar un genuino e inquebrantable espíritu de servicio, es decir, que el conocimiento –y todo lo que su búsqueda y conquista conlleva– esté dirigido al bien de los demás, para lo cual se requiere entrega, amistad y fidelidad. Como lo dijera San Josemaría Escrivá: "La universidad tiene como su más alta misión el servicio a los hombres, el ser fermento de la sociedad en que vive".[1]

---

[1] Discurso titulado: "Servidores nobilísimos de la ciencia", pronunciado en Navarra, España por San Josemaría Escrivá, el 7 de octubre de 1967.

El afán apostólico de San Josemaría Escrivá y su entrañable amor a la universidad, lo alentaron para que a lo largo de su vida promoviera la creación de universidades como espacios propicios para la formación de personas doctas con sentido cristiano de la vida. Así, en 1967 fundó la Universidad Panamericana, en cuyo seno poco tiempo después iniciaron los cursos de lo que hoy es la Facultad de Derecho.

En este contexto, el presente volumen ha sido escrito por siete profesores en el área de Derecho Civil de la más alta consideración intelectual y moral para conmemorar los 50 años de la Facultad de Derecho y para dejar testimonio vivo del *ethos* universitario impregnado en cada una de las actividades académicas realizadas durante estos años.

En esta obra se exponen una gran variedad de temas jurídicos en materia de personas, familia, obligaciones, contratos y hasta de Filosofía del Derecho. Sin lugar a dudas con las aportaciones de los profesores se refrenda el compromiso de todo el claustro académico de mantenerse firme en la búsqueda de la verdad a través de la docencia y de la investigación, siempre con un auténtico espíritu de servicio a los demás.

"Ubi spiritus libertas"
Dr. José Antonio Sánchez Barroso
Coordinador
Ciudad de México, 2023.

EL ARRENDAMIENTO DE INMUEBLES CON ÁNIMO DE ESPECULACIÓN COMERCIAL. UN PUNTO DE VISTA RESPECTO DE SU NATURALEZA (CIVIL O MERCANTIL)

Jorge Alfredo Domínguez Martínez[1]
Universidad Nacional Autónoma de México

Presentación

En la segunda mitad de 2020, me fue encomendado preparar y emitir un dictamen que calificara al contrato sometido a mi consideración para esos efectos, lo cual, independientemente de otras cuestiones relacionadas con el tema, me indujo a ahondar sobre la fijación de la naturaleza jurídica, mercantil o civil, de un contrato de arrendamiento cuyo objeto es un bien inmueble, pero arrendador y arrendatario son comerciantes,

---

[1] Doctor en Derecho por la Universidad Nacional Autónoma de México. Catedrático de diversas asignaturas de Derecho Civil.

o lo es uno de ellos al menos, o, en su caso, supuesto el mismo objeto material, su celebración es con ánimo de especulación comercial, sea así respecto de una o inclusive de ambas partes.

En tales condiciones, acto seguido atenderé aspectos relacionados con el tema principal ahora a plantear y comentar, es decir, si por ser un inmueble el objeto de un arrendamiento, este acto es civil, aunque sea comerciante una de las partes contratantes, o ambas inclusive, o en su caso, participará también de lo civil, independientemente de cualquier ánimo especulativo, o bien, por el contrario, por ser comerciantes uno o los dos intervinientes, o por sumarse la especulación comercial en los componentes de la negociación, cualquiera de estas razones y más aún si son ambas, hacen calificar al contrato de que se trata como un acto mercantil, aun cuando su objeto material sea un inmueble.

En ese orden de ideas, una vez expuestas las consideraciones generales a propósito del tema planteado, en lo complementario me referiré y glosaré lo correspondiente a aquel contrato generador de todas estas consideraciones.

El tema ciertamente no tiene novedad alguna; por el contrario; se trata de un asunto recurrentemente abordado por la doctrina y objeto de resoluciones judiciales un tanto cuanto frecuentes; no obstante, creo que nunca sobra un punto de vista respecto de cualquier tópico, así haya sido este ya explorado, máxime si en la dinámica negocial se presentan modalidades de las figuras contractuales, como es el mismísimo arrendamiento con manifestaciones cuyas características pudieran hacer suponer una convención jurídica con esencia independiente a las regladas.

En consideración a lo anterior, creo conveniente que, si precisamente, el asunto anunciado muestra en su presentación la disyuntiva de si un contrato de arrendamiento de tales o cuales características es civil o mercantil, debo plantearme, de entrada, lo que distingue y caracteriza a un acto con una u otra de las naturalezas señaladas, porque de allí se llegará a las conclusiones correspondientes. Para ello, debo remontarme, y atender, así sea con brevedad, a los orígenes mismos de lo civil, a efecto de dejar sentado lo comprendido por dicha disciplina al paso del tiempo, hasta la época actual y en su caso, hacer lo propio con lo mercantil y con otras disciplinas que históricamente reconocen su origen en lo civil. El ejercicio así planteado me permitirá y así lo espero, acceder a una conclusión y ofrecerla al autorizado lector.

Devenir histórico del concepto de Derecho Civil

Después del cúmulo de significados asignados a la fórmula *ius civile*, fueren en un sentido o en otro, en las fuentes de Derecho romano, entre otros, como el Derecho de un pueblo; el Derecho del pueblo romano; el que no era el Derecho natural; tampoco era el de gentes; y sí el Derecho de las costumbres, o el creado por los magistrados; durante la Edad Media, dicha fórmula pierde esa referencia múltiple y se unifica en tener al Derecho Civil como expresión referida precisamente al Derecho romano; así, la alusión al primero se tradujo como tener por ello al segundo, contenido en el *Corpus iuris civile*, como único catálogo normativo laico, de la mano del otro orden jurídico con presencia en la época, tal cual fue el Derecho Canónico como el Derecho de la iglesia y de sus súbditos.[2]

Al paso del tiempo, ese Derecho Civil, omnicomprensivo en cuanto a su contenido por corresponder a toda la normatividad, sufre la escisión provocada especialmente por la aparición del Estado moderno, lo que trajo a partir de entonces la vasta gama de disciplinas listadas en el Derecho Público, y generó identificar al Derecho Civil como todo el Derecho Privado.

Aunado a lo anterior, cabe señalar el desprendimiento de diversos aspectos de ese Derecho Civil, como todo el Derecho Privado, que de tiempo atrás se han erigido en disciplinas jurídicas autónomas, pero que, por una parte, reconocen su origen en el Derecho Civil, por tratarse de disciplinas antes comprendidas en este, y por la otra, nuestra disciplina queda como Derecho general y sus desprendimientos como ramas especiales. Tal es el caso, por ejemplo, de importancia especial para las consideraciones presentes, del Derecho Mercantil ni más ni menos; y adicionalmente del Derecho Agrario, del Derecho del Trabajo, y se ha apuntado respecto de lo familiar.[3]

---

[2] Con detalle en: Antonio Hernández Gil, "El concepto del Derecho Civil", *Revista de Derecho Privado* (1943): 38 y ss.

[3] En mi trabajo Derecho de Familia (Opiniones acerca de su autonomía como disciplina jurídica), se citan una multiplicidad de opiniones, que con toda seriedad y conocimiento de causa desconocen la autonomía del Derecho de Familia en relación con el Civil. Ciertamente las hay en sentido opuesto, pero son las considerablemente menos y sin un fundamento convincente.

Las emancipaciones tenidas lugar han hecho calificar como especiales a las disciplinas que las alcanzaron; el Derecho Civil, en tanto, ha conservado su carácter como disciplina general; todo lo cual, al ser así catalogado, trae consigo una pluralidad de implicaciones.

Como tales está, por ejemplo, el Derecho Civil es aplicable a cuanto sujeto existe desde su concepción misma hasta después de su muerte, pues su contenido comprende lo personal y familiar así como lo patrimonial del sujeto, y todas las personas, sin excepción, cuentan con ello; por el contrario, la materia de cada una de las otras disciplinas está limitada a un aspecto de lo jurídico en especial, tal cual puede ser lo fiscal, lo administrativo, lo agrario, en fin, todo ello es meramente contingente de un sujeto a otro; además, en cualquier caso, cuanto supuesto corresponda, debe estar señalado y atraído por la ley especial en turno. Es cierto, se puede ser o no comerciante; terrateniente o campesino; trabajador o patrón y en su caso, solo si se es, ello dará lugar a la aplicación de la ley de la especialidad respectiva. En cambio, la ley civil le es aplicable a todo sujeto, porque bajo cualquier circunstancia se es persona, se es parte integrante de una familia y se tiene un patrimonio.

En el mismo orden de ideas, el ordenamiento previsor de lo relativo a una disciplina especial, deberá atraer expresamente el material de la misma, con el señalamiento de los componentes de ese material, el cual, por una parte, bien puede ser una excepción, una modalidad, o una adaptación de lo general, y por la otra, solo será para los efectos de la disciplina correspondiente sin la posibilidad de ir más allá del ámbito material de dicha disciplina.

Así, por ejemplo, en materia agraria, el ejidatario puede designar a cualquier persona como sucesor en sus derechos sobre la parcela y en general en sus derechos como tal, mediante una lista de sucesión, la que depositará en el Registro Agrario Nacional o formalizará ante fedatario público (artículo 17 de la Ley Agraria); en ello puede observarse un acto dispositivo *mortis causa*, con formalidades distintas a las de los testamentos regulados en los ordenamientos civiles, más con tan solo pero por demás importante salvedad de que tal posibilidad se da únicamente para el ejidatario, y además, limitada a sus derechos como tal; de esa manera, quien no tenga tal carácter, o, en su caso, aun cuando lo sea, el objeto de lo sucesorio fueren otros bienes, lo agrario no tendrá aplicación alguna.

Por su parte, el Código Fiscal de la Federación dispone en su artículo 10 lo que el ordenamiento considera "domicilio fiscal", lo cual es aplicable solo a las situaciones y relaciones de índole fiscal federal del sujeto, sin tocamiento alguno a las disposiciones generales listadas en el Código Civil para el Distrito Federal y en el Código Civil Federal, en su caso[4] ordenamientos estos respetuosos de lo captado por lo fiscal, pero esto con aplicación estricta solo para lo concerniente a esa disciplina y nada más. Y así es en cuanta situación sea equivalente.

Según el propio Código Civil, "las leyes que establecen excepción a las reglas generales no son aplicables a caso alguno que no esté expresamente especificado en las mismas leyes" (artículo 11), lo que va dirigido a la disposición de cualquier catálogo legal, no solo a las civiles, precisamente por la generalidad del Derecho Civil. Luego entonces, las consideraciones anteriores son resultado de tal señalamiento legal.

Particularmente, y ahora para nuestros efectos de especial interés, a propósito de la relación habida entre el Derecho Civil, como disciplina general y el Mercantil como especial, traigo a nosotros lo considerado al respecto por Juan Manuel Pascual Quintana, Hernández Gil y Joaquín Garrigues.

Comenzamos por Juan Manuel Pascual Quintana:

> Ya Martí de Eixalá –reseña Pascual Quintana– partiendo de las estrechas relaciones que existen entre ambas disciplinas, delimitaba los caracteres de sus instituciones, señalando aquellas que perteneciendo al campo del Derecho civil se habían desarrollado en la esfera del Derecho mercantil adquiriendo carta de naturaleza; así como también el comercio, en el desenvolvimiento de sus actividades, había precisado la creación de otras que, como afirma De Buen, 'el ímpetu con que la actividad comercial hace brotar nuevas formas jurídicas es demasiado rápido para llevarlas inmedia-

---

[4] Por razones que por ahora no vienen al caso, bien presente tendrá el lector informado como lo es, que el texto del Código Civil Federal es en un gran porcentaje idéntico a su correlativo vigente en la capital, por ello, por una parte, salvo aclaración expresa, al aludir a una disposición de uno de los ordenamientos, corresponde igualmente a la del otro, además de que de mencionarse en esta monografía un precepto sin indicación del ordenamiento del que forma parte, corresponderá al Código Civil local, lo mismo que si de se menciona simplemente Código, se hará con referencia a este.

tamente a los cuadros estáticos de un Código civil... lo que sí convendría es señalar con técnica acertada los límites de la legislación civil y de la mercantil; llevar al Código civil lo que ha alcanzado carácter general y reducir el Código de comercio a lo constitutivo de la especialidad jurídica que es su razón de ser; evitar repeticiones y enlazar con rigor los preceptos de uno y otro para evitar los inconvenientes de la dualidad de legislación'.

El eximio De Diego dejó escrito que, 'hay una consideración que deja en su lugar al Derecho civil y reconoce la independencia del mercantil y es que éste versa no sobre las relaciones ordinarias y más generales de la vida, sino sobre las emanadas del fenómeno comercio, relaciones que tienen propio fin y propia naturaleza y en tal concepto reclaman un Derecho y unas reglas también especiales'. Este criterio de delimitación entre una y otra esfera se aprecia de las mismas relaciones que, aún a pesar del estrecho vínculo que las une, no puede dejar de reconocerse los determinados aspectos, en algunos supuestos diametrales, que existe entre ambas disciplinas; y así, en la doctrina francesa, Bruillard y Laroche y Ezcurra, se muestran partidarios de la separación, sosteniendo que la unidad del Derecho privado es una unidad formal, no sustancial. Bonnecase se inclina en pro de la unificación por cuanto las relaciones y conflictos entre ambos son continuos, de forma tal que como, con expresión gráfica, escribe Satanowsky, 'el Derecho civil y el Derecho comercial son como hermanos siameses que, aunque separados en los Códigos, constituyen un sólo organismo dentro del Derecho privado'.

Conviene precisar la situación del Derecho mercantil dentro del ámbito del Derecho privado, sobre cuya determinación se construyen las diversas posiciones que pululan en torno al presente problema. La posición apuntada de Espin, situando al Derecho mercantil en un nivel más bajo que al Derecho civil, hay que rechazarla por el radicalismo que encierra. La calificación como Derecho especial o excepcional, base fundamental de la temática referida, ha sido deslindada por el eminente mercantilista Rocco, al mostrarse abiertamente opuesto a la catalogación del Derecho mercantil dentro de la esfera del Derecho especial, frente al Derecho civil o común, afirmando se trata de un Derecho excepcional o singular, o, si se quiere, especial, pero en el sentido de Derecho excepcional. En idéntico sentido se pronuncia Hernández Gil, quien con su autorizada pluma escribe: 'uno y otro se hallan en relación de Derecho general y Derecho especial –art. 2. ° y 50 del Código de comercio–. En el conjunto de relaciones que integran el total contenido del Derecho privado, al Derecho mercantil le corresponde la particularizada regulación de algunas, dentro de los principios generales, representados por el Derecho civil. El Derecho mercantil entraña, frecuentemente, sólo un desenvolvimiento más concreto y específico de tales principios, que han de ajustarse a las particulares necesidades de una actividad (el comercio) desplegada por una clase de personas (los comerciantes). No es, ni mucho menos, de esencia al Derecho especial que constituya una excepción a tales principios; extenderlos a situaciones nuevas no equivale a de rogarlos, sino precisamente a confirmarlos; se trata, pues, de aumentar su contenido, de matizar su desarrollo en una determinada dirección, de ajustar la norma a supuestos de hechos más concretos, a realidades nuevas. De ahí el carácter del Derecho mercantil como Derecho especial. Pero no creemos deba cerrarse las puertas a que, en ocasiones, el Derecho mercantil. además, sea un Derecho singular, constitutivo de una excepción y derogación del Derecho general, en razón a las particulares necesidades a que se contrae; porque, si bien conceptualmente el Derecho especial para existir como Derecho pro pio no requiere la concurrencia de la excepción (Derecho singular), puede, sin embargo, coexistir el Derecho especial con el Derecho singular Cualquier inconveniente que, admitido ésto, pudiera suscitarse contra la relación de dependencia en que se encuentran Derecho civil y Derecho mercantil, se explica recordando que tales situaciones de excepción se dan aún dentro del Derecho civil o, en general, dentro de un sistema determinado'.[5]

Al respecto, las consideraciones de Hernandéz Gil son las siguientes:

Junto al Derecho civil –ilustra por su parte Hernández Gil– aparece, entre nosotros, el Derecho mercantil como materia científica y legislativamente diferenciada: dos Códigos y dos disciplinas. Pero esta separación, ni en el orden conceptual ni en el de las normas, significa independencia. Mientras, por ejemplo, cuando permanecieron unidos el Derecho civil y

---

[5] Juan Manuel Pascual Quintana, *En torno al concepto del Derecho Civil* (Salamanca: Universidad de Salamanca, 1959), 91 y ss.

el penal, solo podía haber entre ambos un lazo formal, entre el Derecho civil y el mercantil hay, en cambio, aun diferenciados, una unidad sustancial. Uno y otro se hallan en relación de Derecho general y Derecho especial (artículos 2.º y 50 del Código de Comercio). En el conjunto de relaciones que integran el total contenido del Derecho privado, al Derecho mercantil le corresponde la particularizada regulación de algunas, dentro de los principios generales, representados por el Derecho civil. El Derecho mercantil entraña, frecuentemente, sólo un desenvolvimiento más concreto y específico de tales principios, que han de ajustarse a las particulares necesidades de una actividad (el comercio), desplegada por una clase de personas (los comerciantes). No es, ni mucho menos, de esencia al Derecho especial que constituya una excepción a tales principios; extenderlos a situaciones nuevas no equivale a derogar los, sino precisamente a confirmarlos; se trata, pues, de aumentar su contenido, de matizar su desarrollo en una determinada dirección, de ajustar la norma a supuestos de hecho más concretos, a realidades nuevas. He ahí el carácter del Derecho mercantil como Derecho especial.[6]

Y por último, Joaquín Garrigues:

El Derecho mercantil, como Derecho desgajado de la rama común del Derecho civil, –enseña Joaquín Garrigues– nace en la Edad Media por consecuencia de especiales necesidades que exigieron un Derecho especial destinado originariamente al comercio. Las razones que impulsaron el nacimiento de este Derecho especial se agrupan en torno a la insuficiencia del Derecho civil y a su inadaptación a exigencias técnicas que inicialmente fueron del comercio. El Derecho romano había perdido aquella elasticidad que le caracterizaba después de la desaparición de su órgano específico de creación: el Pretor. Por otra parte, el Derecho se había despedazado en una pluralidad de legislaciones particulares, y en ellas predominaba, por influjo del Derecho germánico, un procedimiento tosco y primitivo, incompatible con las necesidades del comercio. Los comerciantes se separaron poco a poco del Derecho común con sus propias costumbres, que iban siendo compiladas, y convirtiéndose así

---

[6]   Hernández Gil, "El concepto del Derecho...", 80 y ss.

en germen de un Derecho especial. Las normas del Derecho civil no contenían la deseada enérgica protección de la buena fe en el tráfico, la cual exige muchas veces la equiparación entre apariencia y realidad. El Derecho mercantil desenvuelve ampliamente el principio de legitimación en los títulos-valores y protege con más eficacia las adquisiciones de un no titular en materia de derechos reales. Las normas sobre la representación voluntaria en el Derecho civil son inadecuadas al tráfico mercantil, el cual, frente a los apoderamientos infinitamente flexibles del Derecho civil, opone los apoderamientos de extensión fija y contenido típico. Otras instituciones eran completamente desconocidas por el Derecho civil (sociedades anónimas, letras de cambio, nombre comercial, emblemas, marcas, etc.), mientras las propias de este Derecho sufren modificaciones al ser adaptadas a las necesidades del tráfico mercantil (contratos comunes al C. c. y al C. de c.). Finalmente, era necesario reglamentar el funcionamiento de organismos especiales protectores de tráfico mercantil y completamente ajenos al Derecho civil (Bolsas, Bancos, Compañías de transporte o de seguros, almacenes generales de depósito, cámaras de compensación, etc.).

Todo ello muestra que la separación histórica entre Derecho civil y Derecho mercantil no fue obra del capricho ni obedeció a criterios dogmáticos, sino que fue impuesta por la misma realidad económica. Este es el sentido que nosotros damos a la expresión "el Derecho mercantil como categoría histórica.[7]

Los actos mercantiles

Pero, además, es conveniente fijar la atención y hacer destacar que, para esa reserva de parte de una u otra disciplina especial, el ordenamiento en el cual esta se incorpora y presenta, debe señalar expresamente la reserva que se hace de la situación correspondiente. Ello se observa con claridad en la clasificación de los actos, sean civiles o mercantiles, que Roberto Luis Mantilla Molina ofrece:

---

[7] Joaquín Garrigues, *Curso de Derecho Mercantil*, 7ª ed. (Ciudad de México: Porrúa, 1979), 28 y ss.

Para estudiar los actos de comercio que figuran en el largo elenco del derecho mejicano –advierte Mantilla Molina– conviene planear una clasificación que sirva de guía en dicho estudio.

Hay actos *esencialmente civiles*, es decir, que nunca y en ninguna circunstancia son regidos por el derecho mercantil: pueden reducirse a los relativos al derecho de familia y al derecho sucesorio, pues aún la donación, según autorizadas y numerosas opiniones doctrinales, cabe que se realice como consecuencia de una actividad mercantil, y toma este carácter.

Pero también hay *actos absolutamente mercantiles*, es decir, que siempre y necesariamente están regidos por el derecho mercantil. En ellos encontramos una primera clase de actos de comercio.

Hay buen número de actos que no son esencialmente civiles ni mercantiles, sino, pueden revestir uno u otro carácter, según las circunstancias en que se realicen, y de las cuales dependerá que sean regidos por el derecho civil o el mercantil; si este último es aplicable, tendremos una segunda clase de actos de comercio que denominaré *actos de mercantilidad condicionada*.

La clase de los actos de mercantilidad condicionada puede subdividirse en dos grupos, si se piensa en que la mercantilidad de un acto puede estar condicionada por alguno de sus propios elementos, o bien resultar de su conexión con otro acto, que por sí mismo haya adquirido el carácter de mercantil. Así, distinguiré los actos principales de comercio y los actos accesorios o conexos.

Acabo de indicar, con referencia a los actos principales de mercantilidad condicionada, que tal carácter puede provenir de algunos de los elementos integrantes del acto. Ahora bien, como todo negocio jurídico requiere: *a)* sujeto que lo realice; *b)* voluntad que persigue la realización de un fin concreto, y *c)* objeto; podemos considerar que cualquiera de estos tres elementos esenciales es, por las peculiaridades que presente, el que basa la calificación de mercantil que se atribuye a determinado acto.

De lo dicho resulta el siguiente cuadro clasificatorio de los actos mercantiles:[8]

Figura 1

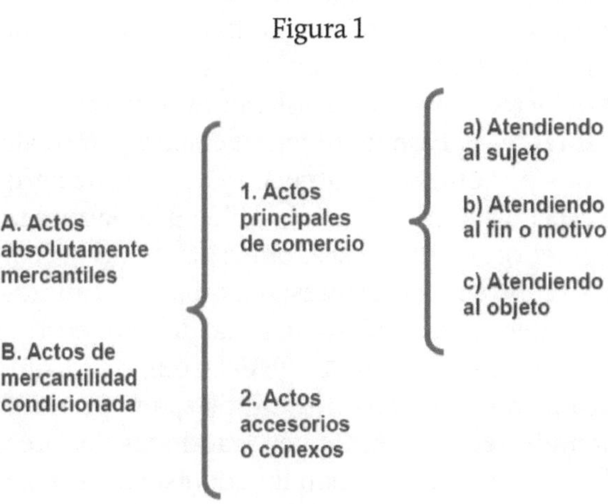

Fuente: elaboración propia.

Al respecto, sin atender especialmente a las consideraciones del autor citado a propósito de los actos civiles y con tan solo señalar que lo son sea cual fuere la actividad del o de los otorgantes y sea cual fuere la razón de su otorgamiento, es interesante la clasificación expuesta respecto de los mercantiles; admisiblemente razonable del todo, por la lógica que campea en la misma, y su ilustración con señalamientos concretos.

Así, por ejemplo, la constitución de una sociedad mercantil; la suscripción, el endoso y demás actos consignados en un título de crédito; el reporto, el fideicomiso; el arrendamiento financiero y las otras ope-

---

[8] Roberto Mantilla Molina, *Derecho Mercantil*, 29ª ed., 17a reimp. (Ciudad de México: Porrúa, 2011), 59 y ss.

raciones de crédito; son actos absolutamente mercantiles en todo caso y bajo cualquier circunstancia, por así disponerlo respectivamente los artículos 4º de la Ley General de Sociedades Mercantiles y 1º de la Ley General de Títulos y Operaciones de Crédito.

Por su parte, ante el supuesto de que hay actos los cuales lo mismo pueden ser calificados tanto civiles como mercantiles, y de ello resultar la calificación de actos cuya mercantilidad está condicionada a ciertos factores constantes, es el caso de tener en cuenta como tales factores a los fines buscados por quienes otorguen el acto, es decir, que lo hacen con ánimo de especulación comercial; o bien a la naturaleza de la actividad ordinaria del otorgante, o sea, que se trate de un comerciante o que en su caso sea entre comerciantes; o también, la calificación de cosa de comercio aplicable al bien objeto material del acto correspondiente.

Al efecto, bajo el rubro del artículo 75 del Código de Comercio, según el cual, la ley califica como actos mercantiles, aparecen listados, entre otros, los contenidos en las veinticinco fracciones del precepto, de las cuales, en su fracción I se mencionan las adquisiciones, enajenaciones y alquileres de bienes muebles que se hicieren con ánimo de especulación comercial; en la II las compras y ventas de inmuebles celebradas con ese ánimo de especulación comercial; igualmente, según la fracción XIV del precepto las operaciones de bancos son calificadas actos de comercio y en su caso, también así se les tiene a "las compras y ventas de porciones, acciones y obligaciones de las sociedades mercantiles" (fracción III).

Como fuere, y a reserva de fijar la atención en las fracciones I y II del artículo 75, es conveniente hacerlo, por ahora, en que independientemente de las razones y bajo las circunstancias que sean, con lo dicho se pone de manifiesto la necesidad de la ley mercantil, de reservarse expresamente los actos que hace suyos. Trátese de actos absolutamente mercantiles o bien de actos de mercantilidad condicionada, tanto en unos como en otros, hay el anuncio expreso de la ley mercantil de calificar como mercantiles los actos correspondientes. En cambio, la ley civil no necesita de ese jaloneo porque el acto será civil en la medida que no sea de otra naturaleza; en cambio, para ser mercantil requiere invariablemente de esa reserva expresa. Así, por ejemplo, el Código Civil no alude a contratos civiles; en cambio el Código de Comercio sí requiere reservarse expresamente los que califica como actos mercantiles. Igualmente, el Código Civil no anuncia a la compraventa civil o al depósito civil;

simplemente compraventa y depósito en su caso; en cambio el Código de Comercio sí les asigna el carácter de mercantil a los de su contenido. Una muestra clara de la generalidad del Derecho civil.

Fracciones I y II del artículo 75 del Código de Comercio (presentación de su respectivo texto)

Precisamente lo dispuesto en los preceptos citados en la intitulación de este inciso, es el tema central de presentación, glosa, consideraciones y conclusiones de las ideas vertidas en esta monografía, pues el texto de ambos, vistos comparativamente, hacen plantearse una serie de interrogantes para llegar a lo que se considere como el resultado de los planteamientos que generan.

Después de ese encabezado aludido del artículo 75 del Código de Comercio, en el sentido de que: "La ley reputa actos de comercio", de conformidad con la fracción I anunciada, les atribuye tal carácter a "todas las adquisiciones, enajenaciones y alquileres verificados con ánimo de especulación comercial, de mantenimientos, artículos, muebles o mercaderías, sea en estado natural, sea después de trabajados o labrados".

Por su parte, según la fracción II del propio precepto, son igualmente considerados actos de comercio "las compras y ventas de bienes inmuebles, cuando se hagan con dicho propósito de especulación comercial".

La observación en conjunto de una y otra de las fracciones, así como su confrontación, ofrecen una pluralidad de planteamientos y cuestiones, entre las cuales está lo siguiente: en primer lugar, coincidentemente, el factor determinante para calificar tales actos como de comercio, a los cuales se refieren ambos preceptos, es el propósito de especulación comercial, como denominador común; de esa manera en el caso estamos ante actos de los presentados como de mercantilidad condicionada, en razón de esa finalidad especulativa. "Con propósito de especulación comercial", es decir, que se tiene la intención, de especular, y por esto último se entiende el ánimo especulativo, lo cual se traduce a su vez, como la intención de traficar, de obtener ganancias acto a acto; tal como es, precisamente, comprar barato y vender en más de lo que se pagó al comprar.

Por otra parte, y no como coincidencia, sino al contrario, con posiciones opuestas, mientras, en la fracción primera citada, el objeto material del acto correspondiente pueden ser mantenimientos, artículos, muebles o mercaderías, todos los cuales caen sobre el denominador común de bienes muebles, la segunda tiene como objeto a bienes inmuebles.

En tercera, también se observa una alusión diferente, por demás importante, que inclusive es factor fundamental para ofrecer un punto de vista definido en cuanto al tema central de estas consideraciones, la fracción primera, y bajo el supuesto de que los bienes muebles son el objeto material de los actos correspondientes, estos, dichos actos, por su parte, lo mismo pueden ser adquisiciones, enajenaciones o alquileres, es decir, la adquisición o en su caso la enajenación, por cualquier título, sea compraventa, permuta, renta vitalicia, etcétera, o alquileres, en el concepto de que por estos últimos debe tenerse precisamente las contraprestaciones por el arrendamiento de muebles, en apego a lo dispuesto en el artículo 780 del Código Civil de 1884, y su correlativo 893 del actual; así, la referencia a alquileres deberá dirigirse a bienes muebles. En cambio, como habrá podido observarse, la fracción II alude limitativamente a compras y ventas, no a otros actos traslativos, y omite cualquier referencia a arrendamientos.

En efecto, cuando el legislador aborda la cuestión respecto de los bienes muebles, admite observar una cascada de actos jurídicos que pueden otorgarse con ese ánimo de especulación comercial, con inclusión de la posibilidad de su arrendamiento –o alquiler si se quiere– para calificar al acto de que se trate como acto de comercio. En cambio, si lo arrendado son bienes inmuebles, no menciona esa posibilidad de arrendamiento, y los actos traslativos de propiedad no están abiertos, sino al contrario, los circunscribe a las compras y a las ventas de tal categoría de bienes, y solo en esos supuestos (compraventas), de haber intenciones especulativas de por medio. Solo así se les puede tener como actos mercantiles.

Orientaciones distintas en su glosa

Planteamiento

La diferente posición que guardan las fracciones I y II del artículo 75 del Código de Comercio presentadas en el apartado anterior, ha generado en el intérprete, tanto oficial como teórico una pluralidad de puntos de vista con direcciones diferentes. Como se verá en este apartado son muchos los factores y por ello, igualmente varios los resultados derivados de esa glosa.

Podría llegar a pensarse, de entrada, que simple y llanamente es una pifia del legislador como cualquier otra; las diferencias del contenido de un precepto al del contenido del otro es meramente desatención legislativa, y ante ello, el arrendamiento de inmuebles también puede ser mercantil si hay esa intención especulativa; todo lo cual está muy lejos de la realidad; como se verá, hay una razón, por demás importante, para la diferencia habida en ley.

Resoluciones judiciales

Los pareceres en el orden jurisdiccional y por ende, las resoluciones correspondientes, ponen de manifiesto una orientación sin uniformidad en el tema planteado; lo mismo se han decantado por calificar al arrendamiento que nos ocupa como un acto de naturaleza mercantil que civil, con tan solo la salvedad de que, como podrá observarse, las orientadas a lo segundo tienen una mayor consistencia de juridicidad.

Al efecto, algunas de esas resoluciones se citan a la letra a continuación:

ARRENDAMIENTOS MERCANTILES. SU RESCISION
SE DEMANDA EN VIA ORDINARIA MERCANTIL

El artículo 75, fracción I, del Código de Comercio previene: La ley reputa actos de comercio todas las adquisiciones, enajenaciones y alquileres verificados con propósito de especulación comercial, de mantenimiento, artículos, muebles o mercadería, sean en estado natural, sea después de trabajados o labrados.

En la amplia definición legal destaca como elemento distintivo del carácter mercantil de los actos a que se refiere el llamado 'propósito de especulación comercial', que la doctrina refiere siempre a la voluntad de participar en el comercio jurídico con el ánimo de obtener un lucro. Ahora bien, si consta de autos que se dio en arrendamiento un negocio con todos los muebles y enseres que se detallaron en el inventario relativo, señalado como precio de la renta determinada cantidad en la cual se incluye el precio del arrendamiento del local en que se encuentra establecido el negocio, es evidente entonces que tal contrato de arrendamiento constituye un acto de naturaleza mercantil, respecto a la persona del arrendatario, porque se verifica con un claro propósito de especulación mercantil, o sea, de lucrar con la explotación de un negocio. Consecuentemente, si el contrato de arrendamiento es en la especie un acto mercantil respecto al arrendatario, y ésta fue la persona demandada, debe reconocerse la procedencia de la vía ordinaria mercantil ejercitada para su rescisión.

Amparo directo 3788/54. Celestino Villaseñor Díaz. 3 de octubre de 1955. Unanimidad de cuatro votos. Ponente: Hilario Medina.

ARRENDAMIENTO DE INMUEBLES, NATURALEZA CIVIL DEL CONTRATO DE.

El contrato en virtud del cual una sociedad mercantil recibe en locación un inmueble, con el fin de poder llevar a cabo en él su actividad lucrativa, no es un acto de comercio. En efecto, el artículo 75, fracción I, del Código de Comercio no comprende como actos de esa índole los arrendamientos de bienes raíces, pues sólo reputa como tales los alquileres efectuados con propósito de especulación comercial, respecto de mantenimientos, de artículos, de muebles o mercaderías; en tanto que la fracción II del citado precepto, que se refiere a inmuebles, únicamente señala como actos mercantiles las compras y ventas de esta clase de bienes, cuando se hagan con ánimo de especulación comercial, pero no incluye los arrendamientos. No puede argumentarse en contra lo que establecen las fracciones XX, XXI y XXIV del repetido precepto legal, por una parte, porque aun cuando es cierto que, en principio, se presumen mercantiles las operaciones que celebran los comerciantes, expresamente se exceptúan los casos en que se derivan de una causa extraña al comercio o sean de naturaleza esencialmente civil, como el contrato de arrendamiento que, conforme al numeral 2316 del Código Civil del Estado de Jalisco, puede referirse a fincas destinadas a habitación, al comercio o al ejercicio de una industria o a la agricultura; y por otra parte, en virtud de que el arrendamiento de inmuebles solamente puede considerarse como acto de comercio, si en él concurren las características comunes a todo acto mercantil, como lo es, entre otras, que el acto se realice con propósito de especulación mercantil (como sucede, por ejemplo, cuando el inmueble se utiliza para estacionamiento público, para salón de baile, para subarrendarlo, etcétera), lo que no ocurre con el arrendamiento de un inmueble destinado al uso de una empresa y cuya especulación de ninguna manera forma parte de su objeto social.

PRIMER TRIBUNAL COLEGIADO EN MATERIA CIVIL DEL TERCER CIRCUITO.

Amparo directo 10/93. Oficina Integral de Administración y Trámite Judicial, S.A. de C.V. 17 de junio de 1993. Unanimidad de votos. Ponente: Francisco José Domínguez Ramírez. Secretario: Martín Alejandro Cañizales Esparza.

Amparo directo 504/92. Creaciones Bobo, S.A. 10 de septiembre de 1992. Unanimidad de votos. Ponente: Francisco José Domínguez Ramírez. Secretaria: María de Jesús Ramírez Díaz.

Amparo directo 597/92. Benjamín Lombroso Mesholam. 20 de agosto de 1992. Unanimidad de votos. Ponente: Francisco José Domínguez Ramírez. Secretaria: María de Jesús Ramírez Díaz.

Amparo directo 751/88. El Puerto de Génova, Sociedad Anónima. 27 de enero de 1989. Unanimidad de votos. Ponente: José Antonio Llanos Duarte. Secretario: Francisco Javier Villegas Hernández.

VIA MERCANTIL, IMPROCEDENCIA DE LA, EN CASO DE ARRENDAMIENTO DE INMUEBLES ENTRE COMERCIANTES.

El contrato de arrendamiento de bienes inmuebles no es de naturaleza mercantil, aun cuando una de las partes o ambas que en él intervengan sean comerciantes, pues no encuadra en ninguna de las hipótesis previstas en el artículo 75 del Código de Comercio, ya que éste reputa entre otros, como actos de comercio, únicamente los alquileres verificados con propósito de especulación comercial, de mantenimientos, artículos, muebles o mercancías y al referirse a los bienes inmuebles sólo menciona las compras y ventas de este tipo de bienes, cuando se hagan con el propósito de especulación comercial, pero no incluye los arrendamientos de bienes raíces.

PRIMER TRIBUNAL COLEGIADO DEL DECIMO SEXTO CIRCUITO.

Amparo directo 621/88. Salinas y Rocha, S.A. 18 de octubre de 1988. Unanimidad de votos. Ponente: José Trinidad Jiménez Romo. Secretario: Sergio Rafael Barba Crosby.

Amparo directo 357/89. Martha Amparo Reynoso Sánchez de Martínez. 5 de diciembre de 1989. Unanimidad de votos. Ponente: José Trinidad Jiménez Romo. Secretaria: Verónica Roa Hernández.

Amparo directo 104/93. José Andrade Cruz. 20 de abril de 1993. Unanimidad de votos. Ponente: Arturo Hernández Torres. Secretario: José Guillermo Zárate Granados.

Amparo directo 120/93. J. Guadalupe Delgado Hernández. 18 de mayo de 1993. Unanimidad de votos. Ponente: Gloria Tello Cuevas. Secretario: Roberto Hernández Pérez.

Amparo directo 221/93. Héctor Edmundo Delgado Hernández. 15 de junio de 1993. Unanimidad de votos. Ponente: Gloria Tello Cuevas. Secretario: Carlos Mario Téllez Guzmán.

Nota: Esta tesis contendió en la contradicción 76/96 resuelta por la Primera Sala, de la que derivó la tesis 1a./J. 63/98, que aparece publicada en el Semanario Judicial de la Federación y su Gaceta, Novena Época, Tomo VIII, diciembre de 1998, página 310, con el rubro: "VÍA MERCANTIL,

IMPROCEDENCIA DE LA, TRATÁNDOSE DE ARRENDAMIENTO DE INMUEBLES".

ARRENDAMIENTO DE INMUEBLES. EL HECHO DE QUE LO CELEBREN EMPRESAS MERCANTILES Y QUE SE DESTINE A COMERCIO NO HACEN ACTO DE COMERCIO.

No puede estimarse como contrato mercantil el pacto celebrado respecto de un inmueble, porque la detentación del bien por parte de la inquilina es para su uso exclusivo y no con el ánimo de especular con el inmueble. Para que se trate de actos de comercio no es suficiente que quienes intervengan en el pacto sean comerciantes si no que es menester que sea un acto de los comprendidos en el artículo 75 del Código de Comercio de cuya fracción I se puede advertir que sólo estima el legislador como acto de comercio el alquiler de bienes muebles lo que hace que sólo ese tipo de arrendamiento puede considerarse como mercantil, pues de otra suerte el artículo habría sido genérico en cuanto a establecer que se trata de acto de comercio el arrendamiento de toda clase de bienes sin necesidad de precisar qué tipo de bienes, de manera que si en este aspecto resulta claro que es limitativo tal precepto es indudable que el arrendamiento de inmuebles no puede quedar comprendido dentro de la hipótesis normativa y que un juicio relacionado con ese pacto deba seguirse vía diversa a la ordinaria civil

TERCER TRIBUNAL COLEGIADO EN MATERIA CIVIL DEL PRIMER CIRCUITO.

Amparo directo 298/89. Mexamérica, S.A. 16 de febrero de 1989. Unanimidad de votos. Ponente: Manuel Ernesto Saloma Vera. Secretario: Guillermo Campos Osorio.

Opiniones en doctrina

Ya en los campos de las consideraciones de fondo, aparecen opiniones contra el tratamiento legal, especialmente en cuanto a que no hay razón alguna, en substancia, por la cual deba negársele mercantilidad al arrendamiento de inmuebles con ánimo de especulación comercial, tal como aparece excluido en ese tratamiento, pues tan mercantil es el arrendamiento sobre inmuebles que sobre muebles, con tan solo reconocer la presencia del ánimo especulativo.

Los pareceres se multiplican; tanto de civilistas como de mercantilistas; algunos un tanto cuanto superficiales y otros de profundidad. Su respectiva calificación en ese aspecto la dejo al parecer del autorizado lector, sin perjuicio de, por mi parte, ofrezca un punto de vista relacionado con el contenido de una u otra.

Según Rafael Rojina Villegas, el arrendamiento mercantil, puede recaer únicamente sobre muebles, con tan solo supuesta la especulación requerida:

> Desde otro punto de vista –enseña Rojina Villegas– el arrendamiento se clasifica como civil, mercantil o administrativo. El carácter civil se determina por exclusión: cuando no es mercantil o administrativo, será civil. Es mercantil exclusivamente cuando recae sobre bienes muebles, existiendo, según el artículo 75 del Código de Comercio, el propósito de especulación comercial: 'La ley reputa actos de comercio: 1. Todas las adquisiciones, enajenaciones y alquileres verificados con propósito de especulación comercial, de mantenimientos, artículos, muebles o mercaderías, sea en estado natural, sea después de trabajados o labrados'. No puede haber en nuestra legislación vigente, arrendamiento mercantil de bienes inmuebles. A pesar del propósito de especulación comercial, el arrendamiento de bienes inmuebles es civil, y esto porque el artículo 75 citado expresamente se refiere a los alquileres de cosas muebles realizados con propósito de especulación comercial. Por ejemplo, los alquileres de mobiliario a una negociación mercantil, mostradores, vitrinas, etc.; el alquiler de mercancías como muestras en un comercio.[9]

---

[9]   Rafael Rojina Villegas, *Derecho Civil Mexicano*, t. VI, vol. 1, 9ª ed. (Ciudad de México: Porrúa, 2010), 554.

Para Ramón Sánchez Medal, todo arrendamiento cuyo objeto sea un inmueble es un arrendamiento civil:

> Hay sólo arrendamiento civil sobre bienes inmuebles –afirma categóricamente el maestro de la Libre de Derecho– puesto que tradicionalmente no se considera el arrendamiento *mercantil* sobre bienes raíces; en tanto que el arrendamiento sobre muebles puede ser arrendamiento civil o arrendamiento mercantil, según los casos (Artículo 75-I y II del Cód. de Comercio). Debido a esta diferencia, aunque se trate de un arrendamiento de inmueble en el que ambas partes sean comerciantes, los juicios relativos a tal contrato deben tramitarse en la vía civil y no en la vía mercantil.[10]

En opinión de Pérez Fernández del Castillo, es factor importante tener en cuenta la celeridad en la actuación de los Registros de propiedad, para ya considerar que la circulación de los inmuebles es tan rápida como la de los muebles y tener por ello como mercantil al arrendamiento que nos ocupa:

> En doctrina –afirma el autor– se discute si los inmuebles pueden ser objeto de arrendamiento mercantil, toda vez que éstos no tienen la circulación de bienes muebles. Al respecto creo que en la actualidad, con base en la publicidad registral, hay una rápida circulación de los bienes inmuebles, por lo tanto, objetivamente existe la posibilidad de considerar que pueden ser motivo de contrato de arrendamiento mercantil. Ahora bien, desde el punto de vista subjetivo, si el arrendador y el arrendatario son comerciantes, el arrendamiento es mercantil.[11]

Felipe de Jesús Tena Magaña reconoce la exclusión de lo mercantil en el arrendamiento de inmuebles, aun cuando para ello se ciñe a los dispositivos legales y no al orden teórico de los principios:

---

[10] Ramón Sánchez Medal, *De los contratos civiles,* 25ª ed. (Ciudad de México: Porrúa, 2013), 243.

[11] Bernardo Pérez Fernández del Castillo, *Contratos Civiles,* 16ª ed. (Ciudad de México: Porrúa, 2016), 187.

Si de la fracción II están excluidas las adquisiciones y las enajenaciones de bienes inmuebles, distintas de las compras y reventas –advierte Tena Magaña– con mayor razón lo estarán las compras para arrendar, así como los arrendamientos y subarrendamientos, ya que sobre todas estas operaciones el silencio del legislador es absoluto. No creemos que en el orden teórico de los principios haya alguno que se oponga a la comerciabilidad de tales actos. Si el propósito de especulación hace mercantil una compra, independientemente de la naturaleza mueble o inmueble de su objeto, no sabemos por qué no haya de aplicarse igual criterio a las operaciones de que aquí tratamos. Supongamos que una sociedad se constituye con el fin de comprar terrenos adyacentes a una ciudad, dividirlos en lotes, construir en éstos habitaciones y darlos en arrendamiento; o que una persona toma en arrendamiento una finca urbana para establecer en ella una casa de huéspedes y lucrar mediante el subarriendo de sus departamentos. Dentro del sistema mismo de nuestro código, ¿qué falta a todas esas operaciones para no considerarlas mercantiles?

Pero si esto es verdad *in iure condendo*, no lo es *in iure cóndito*, y en presencia de los términos en que a duras penas, y con la timidez con que suele acogerse toda novedad, aparece redactada la fracción II, no podemos admitir la comerciabilidad de las operaciones sobre inmuebles, sino ciñéndola estrictamente a las compras y reventas de que ese inciso nos habla.[12]

Roberto Luis Mantilla Molina acepta lo terminante de la ley para negarle mercantilidad al arrendamiento sobre inmuebles, pero califica ello como sin suficiente base económica y lógica.

De acuerdo con la fracción II del artículo 75 –afirma Mantilla Molina– aplicable a los inmuebles, sólo son mercantiles las compras y las ventas que recaigan sobre ellos. El suprimir los alquileres y las voces genéricas *adquisiciones* y *enajenaciones* no parece fortuito, y habrá de negarse carácter mercantil a la adquisición mediante permuta de un terreno,

---

[12] Felipe de Jesús Tena Magaña, *Derecho Mercantil Mexicano*, 20ª ed. (Ciudad de México: Porrúa, 2003), 73.

aunque se haga con el evidente propósito de venderlo obteniendo una ganancia; tampoco es mercantil el arrendamiento de un edificio para subarrendar sus apartamientos con el consiguiente lucro. Soluciones conforme a la letra de la ley, pero sin suficiente base economía y lógica.[13]

Apuntamientos personales concretos

En consideración a lo expuesto en las posiciones, tanto en el sector oficial intérprete de la ley, como en lo teórico, en mi concepto debe descartarse, tal como lo dejé señalado apartados antes, una posible pifia del legislador en cuanto a que respecto de bienes muebles, la ley califica de mercantil al acto, independientemente de cuál sea su esencia y efectos, traslativos de propiedad o de uso o goce, con tan solo se otorgue con ánimo de especulación comercial (fracción I del artículo 75), y en cambio, si el objeto del contrato es un bien inmueble el acto será mercantil solo si, además de tener fines especulativos, se trata limitativamente de una compraventa, no así de cualquier otro acto traslativo y en particular, con especial proyección para lo aquí glosado, si se tratare del arrendamiento de un bien inmueble.

En ese orden de ideas, al dar por supuesta la plena conciencia del legislador, de no reconocerle mercantilidad al arrendamiento de inmuebles, con independencia a los fines buscados por los contratantes, si únicamente se aplican los principios fundamentales sobre los que se erige esa posición de reconocimiento irrestricto de lo civil como disciplina jurídica general, comparativamente con el Derecho Mercantil, este como disciplina especial en relación con el primero, debe concluirse, tal como ha quedado expuesto, que al no estar captado de manera expresa por el mercantil, entonces pertenece al civil. Ello es suficiente para etiquetar al arrendamiento de inmuebles como acto civil, sin pensar en salvedad alguna, sean cuales fueren las otras circunstancias del negocio en cuestión, como la especulación comercial, o, en su caso, el comercio como actividad ordinaria de los contratantes.

Así, el mero tratamiento legal es suficiente, sin salvedad alguna, para atribuir la naturaleza civil al arrendamiento cuyo objeto es un inmueble, pero a mayor abundamiento, esa posición de la ley se explica y justifica

---

[13] Mantilla, *Derecho Mercantil*, p. 72.

con las propiedades y particularidades que desde un punto de vista jurídico-filosófico, tradicionalmente se han atribuido, por separado, a los bienes muebles en comparación con los inmuebles. Los muebles están llamados a circular, a ser intercambiados para la satisfacción de necesidades primarias; de allí el que puedan ser objeto de una generalidad de actos, los cuales, en su caso, serán mercantiles si tienen fines especulativos. Los bienes inmuebles, en cambio, traen consigo el arraigo, la estabilidad y la posición económica que permita asegurar el futuro cuando la vejez y el aseguramiento o ayuda al menos, a las generaciones filiales posteriores.

Tales consideraciones son de tal actualidad permanente, que lo mismo se leen en Jean Étienne Marie Portalis que en Gerard Cornu; lo escrito por el primero fue a principios del siglo XIX en tanto que lo del segundo a principios del XXI.

> La distinción entre bienes inmuebles y riquezas mobiliarias –se lee en PORTALIS, considerado padre intelectual del Código Napoleón– nos da la idea de que existen cosas puramente civiles y otras comerciales. Las riquezas mobiliarias son objeto del comercio; los inmuebles pertenecen en particular a la ley civil.[14]

> De manera general –enseña Cornu, de gran presencia entre los civilistas franceses de la época actual– los inmuebles tienen una importancia política y familiar más considerable en comparación con los muebles. Política, porque el inmueble corresponde a una porción del territorio (la apropiación del suelo es marca de arraigo, signo de atadura, medio de acción, lugar de asilo). Familiar, porque la propiedad inmobiliaria perdura o llega a ser el lugar donde se reúne la familia, donde se prende, donde se reagrupa. Esta vocación, unida a las consideraciones económicas, provoca que, en general, el legislador favorezca la conservación de los inmuebles en la familia.[15]

---

[14] Jean Étienne Marie Portalis, *Discours préliminaire du premier projet de Code civil* (París: La collection Voix de la cité, 2004), 50.

[15] Montchrestien, *Droit civil*, 12ª ed. (París: Montchrestien Lextenso éditions, 2005), 406 y ss.

Así pues, en mi concepto no hay para donde hacerse; el arrendamiento de bienes inmuebles es un contrato de naturaleza civil, sean cuales fueren las circunstancias que concurrieren a su celebración; así fueren sujetos comerciantes o bien ánimo de especulación comercial; o ambos, en fin, ninguno de estos ingredientes lo hace perder dicha naturaleza y pensar que esta es mercantil. Como quedó apuntado, para ser mercantil requeriría de así establecerlo expresamente la ley de la materia, al tratarse de una disciplina especial; y como ha quedado dicho, no hay tal, sino al contrario, la ley de comercio admite claramente la interpretación contraria, pues respecto de arrendamientos cuyo objeto son muebles sí les atribuye tal mercantilidad. En el caso, es la clase de bien, esto es, un inmueble, dadas sus características, que hace atribuir el carácter de civil al contrato de arrendamiento cuyo objeto es uno de dichos bienes. Mientras los dispositivos mercantiles conserven el texto actual, debe prevalecer tal interpretación; no es el caso de pensar en analogía, interpretación extensiva, ni argumento otro alguno con el cual supusiere la posibilidad contraria. Para una conclusión en sentido opuesto se requiere la modificación de le ley correspondiente, con la arrogación expresa al efecto de tales arrendamientos, si bien ello a su vez contrariaría los principios en los cuales se sustenta la juridicidad del caso.

~

NASCITURUS: PERSONA, ATRIBUTOS Y PERSONALIDAD JURÍDICA EN EL DERECHO MEXICANO

Gabriel Garralda Anaya[1]
Universidad Panamericana

Recordatorio

Sirva el presente capítulo únicamente para recordar algunas cuestiones fundamentales para esta obra, no solo para estar en un mismo canal de comunicación, sino también para dejar claro cuáles serán las premisas que quisiera dejar completamente firmes para ahondar en el asunto medular del presente escrito.

---

[1]   Abogado por la Escuela Libre de Derecho. Iniciada la actividad docente desde el año 2012, en la Escuela Libre de Derecho y en la Universidad Panamericana. Actualmente profesor titular en la Universidad Panamericana de la materia *Introducción al Derecho Civil y Personas,* y profesor en esa misma institución de las materias de Obligaciones (adjunto), Bienes y Derechos Reales (adjunto) y Contratos (titular en el curso de verano). También profesor (adjunto) en la Escuela Libre de Derecho en la materia Derecho Notarial.

Es ya de explorado Derecho y conocido por todos, que un ser humano tiene personalidad jurídica. Sabemos que hay posturas que debaten sobre si se le "reconoce" o si se le "otorga" la personalidad jurídica. En Derecho mexicano, ese debate queda resuelto, sin importar cuáles sean los postulados doctrinales o académicos que en uno y otro sentido pudieran esgrimirse, al mirar los tratados y convenciones internacionales de los que México es parte, y de los que descubrimos, por tanto, que en Derecho mexicano se *reconoce* la personalidad jurídica al ser humano.

Así, de entre varios que se podrían comentar, citamos ahora como ejemplos ilustrativos y fundantes de la aseveración anterior, los siguientes instrumentos internacionales:

En primer lugar:

DECLARACIÓN UNIVERSAL DE DERECHOS HUMANOS
PREÁMBULO

Considerando que la libertad, la justicia y la paz en el mundo tienen por base el reconocimiento de la dignidad intrínseca y de los *derechos iguales* e inalienables de <u>*todos los miembros de la familia humana*</u>;

Considerando que *el desconocimiento y el menosprecio de los derechos humanos* han originado *actos de barbarie ultrajantes para la conciencia de la humanidad*, y que se ha proclamado, como la aspiración más elevada del hombre, el advenimiento de un mundo en que los seres humanos, liberados del temor y de la miseria, disfruten de la libertad de palabra y de la libertad de creencias...

...La Asamblea General

Proclama la presente Declaración Universal de Derechos Humanos como ideal común por el que todos los pueblos y naciones deben esforzarse, a fin de que tanto *los individuos como las instituciones*, inspirándose constantemente en ella, *promuevan*, mediante la enseñanza y la educación, el respeto a estos derechos y libertades, y *aseguren*, por medidas progresivas de carácter nacional e internacional, *su reconocimiento* y aplicación universales y efectivos, tanto entre los pueblos de los Estados Miembros como entre los de los territorios colocados bajo su jurisdicción...[2]

---

[2] CNDH, "Declaración Universal de Derechos Humanos", disponible en https://www.cndh.org.mx/sites/all/doc/Programas/Discapacidad/Declaracion_U_DH.pdf (los énfasis son nuestros).

En este Preámbulo de la Declaración Universal de los Derechos Humanos, se han resaltado tres cosas: "miembros de la familia humana" (¿y eso qué es?, ¿quiénes pueden considerarse como "familia humana"); "desconocimiento" y "reconocimiento" (palabras que evidencian que tristemente, en la realidad, se ha *desconocido lo que en realidad debe ser reconocido*).

En segundo lugar:

CONVENCIÓN AMERICANA SOBRE DERECHOS HUMANOS

PREÁMBULO

Los Estados Americanos signatarios de la presente Convención, reafirmando su propósito de consolidar en este Continente, dentro del cuadro de las instituciones democráticas, un régimen de libertad personal y de justicia social, fundado en el respeto de los derechos esenciales del hombre; *reconociendo* que *los derechos esenciales del hombre* no nacen del hecho de ser nacional de determinado Estado, sino que *tienen como fundamento los atributos de la persona humana*, razón por la cual justifican una protección internacional, de naturaleza convencional coadyuvante o complementaria de la que ofrece el derecho interno de los Estados americanos...

...PARTE I - DEBERES DE LOS ESTADOS Y DERECHOS PROTEGIDOS

CAPITULO I - ENUMERACIÓN DE DEBERES

ARTÍCULO 1.- Obligación de Respetar los Derechos
1. Los Estados Partes en esta Convención se comprometen a *respetar* los derechos y libertades reconocidos en ella y a garantizar su libre y pleno ejercicio *a toda persona* que esté sujeta a su jurisdicción, *sin discriminación alguna* por motivos de raza, color, sexo, idioma, religión, opiniones políticas o *de cualquier otra índole*, origen nacional o social, posición económica, *nacimiento* o cualquier otra condición social.
2. *Para los efectos de esta Convención, <u>persona es todo ser humano</u>*.

...CAPITULO II - DERECHOS CIVILES Y POLÍTICOS

ARTÍCULO 3.- Derecho al Reconocimiento de la Personalidad Jurídica
Toda persona tiene derecho al reconocimiento de su personalidad jurídica...

ARTÍCULO 4.- DERECHO A LA VIDA
1. Toda persona tiene derecho a que se respete su vida. Este derecho estará protegido por la ley y, en general, a partir del momento de la concepción. Nadie puede ser privado de la vida arbitrariamente.[3]

Tanto del Preámbulo, como de los citados artículos de la parte normativa de la Convención Americana sobre Derechos Humanos arriba mencionada, he resaltado varias palabras y enunciados. De ellos se puede colegir lo siguiente: primero, se reitera que los derechos humanos deben ser y son *reconocidos* (y no, en cambio, "otorgados"); segundo, el reconocimiento de los derechos humanos, tiene por fundamento "los atributos de la persona humana", es decir, el simple hecho de *ser* persona humana, permite a quien lo es, gozar de tales derechos inherentes a ella y, lo que es más, no hay razón alguna para discriminar, ni siquiera por razones de "nacimiento", a ningún humano del goce de sus derechos ni el reconocimiento de sus atributos; tercero, lo que se debe entender en todo momento por "persona" es siempre la idea del "ser humano"; y, cuarto, uno de los derechos que se le debe reconocer a todo ser humano, y que es un derecho humano en sí, es la tenencia sempiterna e incondicionada de su *personalidad jurídica*.

De lo anterior, podemos reafirmar que la personalidad jurídica del ser humano tiene lugar por el simple hecho de serlo y, además, se le debe tener siempre como reconocida y no como *otorgada* por el Derecho mexicano.

Ahora bien, ya dejando eso en claro, debemos ahora analizar dos cosas más. Lo primero será referente a una idea que dejamos arriba pendiente

---

[3] CNDH, "Convención Americana Sobre Derechos Humanos", 7 de mayo de 1981, disponible en https://www.cndh.org.mx/sites/default/files/doc/Programas/Trata Personas/MarcoNormativoTrata/InsInternacionales/Regionales/Convencion_ADH. pdf (los énfasis son nuestros).

de explorar: explicar aquello de "miembros de la familia humana", o, dicho de otra forma, explicar cuándo una persona puede ser considerada como "humano". Y lo segundo será determinar el momento en que, en definitiva, debemos considerar como existente (y de forma inamovible, incuestionable, firme, incondicional e irrevocable) a la persona humana *para efectos del Derecho.*

Y para ello, bastará citar tanto la Declaración de los Derechos del Niño, como la Convención de los Derechos del Niño, que nos aclararán de tajo, las dos interrogantes planteadas en el párrafo anterior:

DECLARACIÓN DE LOS DERECHOS DEL NIÑO

PREÁMBULO

...Considerando que las Naciones Unidas han proclamado en la Declaración Universal de Derechos Humanos que *toda persona tiene todos los derechos* y libertades enunciados en ella, *sin distinción alguna* de raza, color, sexo, idioma, opinión política o de *cualquiera otra índole*, origen nacional o social, posición económica, nacimiento o cualquier otra condición, Considerando que *el niño*, por su falta de madurez física y mental, *necesita protección* y cuidado especiales, *incluso la debida protección legal, <u>tanto antes como después del nacimiento</u>*...

... PRINCIPIO 1

El niño disfrutará de todos los derechos enunciados en esta Declaración. Estos derechos serán reconocidos a todos los niños *sin excepción alguna ni distinción o discriminación por motivos* de raza, color, sexo, idioma, religión, opiniones políticas o de otra índole, origen nacional o social, posición económica, *nacimiento u otra condición*, ya sea del propio niño o de su familia...

...PRINCIPIO 4

El niño debe gozar de los beneficios de la seguridad social. *Tendrá derecho a crecer y desarrollarse en buena salud; con este fin deberán proporcionarse,* *tanto a él como a su madre, cuidados especiales, <u>incluso atención prenatal y postnatal</u>...*[4]

CONVENCIÓN SOBRE LOS DERECHOS DEL NIÑO

PREÁMBULO

Los Estados Partes en la presente Convención.
Considerando que, de conformidad con los principios proclamados en la Carta de las Naciones Unidas, la libertad, la justicia y la paz en el mundo se basan en el reconocimiento de la dignidad intrínseca y *de los derechos iguales e inalienables de todos los miembros de la familia humana...*

...Reconociendo que las Naciones Unidas han proclamado y acordado en la Declaración Universal de Derechos Humanos y en los pactos internacionales de derechos humanos, que *toda persona tiene todos los derechos* y libertades enunciados en ellos, *sin distinción alguna, por motivos de raza*, color, sexo, idioma, religión, opinión política o de otra índole, origen nacional o social, posición económica, *nacimiento* o cualquier otra condición...

...Teniendo presente que, como se indica en la Declaración de los Derechos del Niño, "el niño, por su falta de madurez física y mental, necesita protección y cuidado especiales, incluso la debida protección legal, *<u>tanto antes como después del nacimiento</u>*"...

...PARTE I

ARTÍCULO 1

Para los efectos de la presenta Convención, *<u>se entiende por niño todo ser humano menor de dieciocho años de edad</u>*...

---

[4] CNDH, "Declaración de los Derechos del Niño", 20 de noviembre de 1959, disponible en https://www.cndh.org.mx/sites/default/files/documentos/2018-11/declaracion_derechos_nino.pdf (los énfasis son nuestros).

...ARTÍCULO 6

1. Los Estados Partes reconocen que *todo niño tiene el derecho intrínseco a la vida.*
2. Los Estados Partes *garantizarán en la máxima medida posible la supervivencia y el desarrollo del niño...*[5]

Lo anterior nos responde entonces las dos interrogantes: una persona debe ser considerada humano y, por lo tanto, miembro de la familia humana, desde la niñez. La niñez es una voz que se refiere para identificar a *cualquier* ser humano menor de 18 años. Luego entonces (y donde la ley no distingue, no hay por qué distinguir), un ser humano, al aparecer por vez primera a partir de la concepción, debe ser considerado desde el chispazo mismo de la concepción, como un niño, sobre todo porque *todos los niños* deben tener protección legal tanto <u>antes</u> como <u>después</u> del nacimiento (y no lo digo yo, lo dicen así los instrumentos internacionales arriba comentados). Así, el ser humano aparece *desde la concepción* y tiene, *a partir de ella*, personalidad jurídica. Y con lo dicho, podemos concluir afirmando que, en términos netamente jurídicos, en el Derecho mexicano, *un ser humano es persona y tiene personalidad jurídica, desde la concepción.*

Y ahora la pregunta inevitable: ¿y qué interpretación le damos al artículo 22 del Código Civil (sea el Federal o el vigente en la Ciudad de México)?

(CCDF) ARTÍCULO 22.- *La capacidad jurídica de las personas físicas se adquiere por el nacimiento* y se pierde por la muerte; *pero desde el momento en que un individuo es concebido*, entra bajo la protección de la ley y *se le tiene por nacido* para los efectos declarados en el presente Código.

Precisamente la respuesta a esa interrogante va en el mismo sentido que lo concluido líneas arriba. Es decir, sin duda habla en su primera

---

[5] CNDH México, "Convención sobre los Derechos del Niño", disponible en https://www.cndh.org.mx/documento/convencion-sobre-los-derechos-del-nino (los énfasis son nuestros).

parte acerca de que la "capacidad jurídica" (o, mejor dicho, "personalidad jurídica") ha de comenzar con el "nacimiento". ¿Y qué no habíamos concluido que era la *concepción* el momento donde comenzaba la personalidad jurídica y, por añadidura, el ser humano? Sí, y seguimos en esa misma conclusión, ya que la segunda parte dice que al *concebido* "se le tiene por *nacido*", para los efectos que diga el Código. Es decir, el CCDF parece querer ser terco e incisivo con que lo relevante es el "nacimiento" y no la "concepción", pero al *reconocer* que al *concebido* "se le va a tener por *nacido*", no está sino reconociendo implícitamente dos cosas: una, que al final del día, el "concebido" <u>sí</u> es un ser humano; y, dos, a dicho ser humano en su etapa de "concebido-no nacido", para poder ser destinatario de esos "efectos" a que se refiere el artículo, el CCDF *fingirá* "tenerlo por nacido", aun cuando precisamente no haya nacido realmente.

Ahora bien, invocando los postulados filosóficos y lógicos del razonamiento humano más elementales para momentos como estos, es inadmisible afirmar que algo "puede ser y no ser *al mismo tiempo*". Así, es dable advertir el disparate que constituye afirmar que "un ser humano concebido" *sí será persona jurídica algunas veces y otras veces no*. En definitiva, el ser humano, para el Derecho, debe ser persona o no serlo, pero no puede "sí serlo a veces y no serlo otras". O se es, o no se es, pero no puede pretenderse que el "ser o no ser" puedan darse simultáneamente en un mismo instante y respecto de un mismo ente.

¿Que no es suficiente ese argumento? Bueno, basta entonces remitirnos a los instrumentos internacionales invocados para despejar cualquier posible debate sobre si es el "nacimiento" o la "concepción" lo que da lugar al *ser humano y a su inherente personalidad jurídica*, para sentenciar de una vez por todas que es *la concepción* y no el nacimiento, lo que da lugar a la personalidad jurídica; así como que es *la concepción*, y no el nacimiento, lo que da lugar a la existencia de un ser humano.

En la obra *Introducción al Estudio del Derecho Civil y Personas*[6], se ha traído a colación el problema que representó la reforma del año 2007 al Código Penal para el Distrito Federal, relativa al aborto, pues a este se le definió, en su artículo 144, como la interrupción del embarazo *después* de

---

[6]   *Cfr.* Fausto Rico Álvarez *et al.*, *Introducción al Estudio del Derecho Civil y Personas*, 4ª ed. (Ciudad de México, Porrúa, 2018), 185-187.

la 12ª semana de gestación, lo cual provocó una serie de planteamientos sobre si en realidad el concebido entraba bajo la protección de la ley, precisamente *desde su concepción* (según el artículo 22 del CCDF arriba transcrito) o si, por el contrario y con motivo de esta disposición penal, habría de afirmarse que el concebido no entraría bajo la protección del ordenamiento jurídico y, por lo tanto, la ley misma aceptaría *no* querer proteger al ser humano concebido sino únicamente después de la 12ª semana de la gestación.

Dicho de otra forma: ¿el concebido es protegido por la ley *desde* la concepción, o *a partir* de la 12ª semana de la gestación? La propuesta sugerida por la doctrina, en aras de conciliar o armonizar estas dos normas contradictorias entre sí (la civil y la penal), fue la de tener por existente al ser humano y reconocerle su correspondiente personalidad jurídica *a partir de la 12ª semana de la gestación*, ya que resultaría nugatoria la disposición penal, si se diera preferencia a la normatividad civil, o a la inversa, resultaría nugatoria la disposición civil, si se le diera prelación a la norma penal.

No comparto la sugerida solución antes aludida y sostengo que lo que he venido afirmando sigue siendo incuestionable, aún a pesar de lo dispuesto por el Código Penal. Es decir, el verdadero problema (y aquí sí, debemos decirlo, insalvable e insuperable) que hay entre el Código Civil y el Código Penal, ambos para la Ciudad de México, es la *nula protección* que el Derecho mexicano da al naciturus. Es decir, no me cabe la menor duda de que lo que está en un lamentable predicamento, es la *protección* que debería, o no, recibir un concebido. Por tanto, no me da la impresión de que se pudiera desprender de estas desafortunadas contradicciones, que el problema ha de versar sobre la *personalidad jurídica*.

Me explico: a la luz de la normatividad civil (y que es la idónea para determinarlo y no así la normatividad penal) la *personalidad jurídica* de un ser humano comienza con la concepción; mas el problema entonces entre lo penal y lo civil estriba en que *la <u>protección</u> a dicha persona, a dicho humano concebido, no tendrá lugar durante unas cuantas semanas a partir de la gestación*, pero en sí misma, *la <u>personalidad jurídica</u>*, no está ni ha estado en duda ni en predicamento alguno, sino solo más bien, insisto, la supuesta <u>*protección*</u>.

Es más, tomando en cuenta el artículo primero de la Constitución Política de los Estados Unidos Mexicanos, y los instrumentos internacionales invocados en este trabajo, queda más que claro que es *inconstitucional y contrario a los derechos humanos*, no la figura del aborto sino más bien *la interrupción del embarazo antes de la 12ª semana de la gestación y su no punibilidad.* Es decir, el problema de haber concedido la no penalización por un aborto *dentro de las 12 primeras semanas*, por complacer una demanda social (no me meteré a debatir sobre ello, me enfocaré en lo estrictamente jurídico), acabó por trastocar los derechos humanos de la niñez: ya dejamos claro que por "niño" debe entenderse todo ser humano mientras no cumpla los 18 años, y el cual debe ser (o debería ser) protegido por el Derecho *incluso desde su concepción.* Entonces, para bien o para mal, guste o no guste, este tema netamente político-social, derivó en una inexplicable violación a los derechos humanos.

Por último, recordemos que *naciturus* es una expresión que se refiere a todo ser humano "concebido"; y más puntualmente y desde su etimología latina, se refiere "*al que está por nacer*".[7] Y, sobre todo, compartimos las ideas del doctrinario, Roberto Garzón Jiménez, quien afirma que *es el momento de la fecundación* a partir del cual puede hablarse de la existencia de un nuevo ser humano, por lo que *es ese el momento a partir del cual, tiene el naciturus personalidad jurídica.* Y, en definitiva, precisa dicho autor, con gran atino e indiscutible lógica, que el humano ahí aparecido lo es y lo será siempre, así que el nacimiento de dicho humano, no es el fin de un periodo de desarrollo, sino que solo significa *un cambio de medio*, pasando de la vida intrauterina, a la extrauterina, para seguir siendo un ser humano y continuar con su desarrollo natural.[8]

Materia constitucional y tratados

Dentro de la rama del Derecho constitucional, consideramos que para poder hablar de "persona-humano" (en el sentido a que se refieren los instrumentos internacionales antes abordados, o sea, el "ser humano"), y de la "persona-persona física" (en sentido jurídico, o sea, en alusión a la "personalidad jurídica"), es necesario analizar algunos artículos que

---

[7] *Cfr.* Rico Álvarez *et al.*, *Introducción al Estudio*, 180.
[8] Roberto Garzón Jiménez, *Análisis civil y constitucional de la situación jurídica del nasciturus* (Ciudad de México: Tirant Lo Blanch, 2015), 103-107.

quizá pudieran dar algo de luz. Y es que precisamente decimos *quizá*, porque no hay artículo que de forma expresa, clara y nítida haga alusión ello. Se necesitará forzar y retorcer un poco el texto de nuestra Constitución Política para poder concluir que, al menos indirectamente, hay fundamento de todo ello.

Comenzamos con el artículo 1º:

> Artículo 1o. En los Estados Unidos Mexicanos *todas* las *personas* gozarán de los derechos humanos reconocidos en esta Constitución y en los tratados internacionales de los que el Estado Mexicano sea parte...

A partir de este artículo, quisiéramos responder 4 cuestionamientos:

- ¿Qué se debe entender por "humano" en Derecho mexicano?
- ¿Qué se debe entender por "persona" en Derecho mexicano?
- ¿Quién tiene personalidad jurídica conforme al Derecho mexicano?
- ¿El nasciturus figura, a nivel constitucional, en el Derecho mexicano?

Comencemos a responder las dos primeras interrogantes: ¿Qué se debe entender por "humano" en Derecho mexicano? y ¿qué se debe entender por "persona" en Derecho mexicano?

¿Qué concepto debe tener aquí la *voz persona*? ¿Vale incluir en esto, tanto a las "personas físicas" como a las "personas morales"? ¿Habrá que darle el valor, exclusivamente, al concepto que de "persona" ha quedado definido en los instrumentos internacionales analizados con anterioridad? ¿Será que esta última pregunta deba responderse en sentido afirmativo, dado que México es parte de aquella normatividad internacional?

En una actitud y enfoque eminentemente *garantista*, deberíamos considerar que aquí la voz "persona" debe ser significada en dos sentidos: el primero y evidente, en el sentido aludido en la normatividad internacional (esto es, "todo individuo humano"); el segundo sentido (e insistimos, con enfoque eminentemente garantista), deberán caber tanto la idea de la "persona física" como la de "persona moral". Vale así, entonces, concluir que, a la luz del primer sentido comentado, el concepto de "persona" es sinónimo indiscutible y equivalente a la expresión *humano*.

Para reforzar la conclusión anterior, el constitucionalista Elisur Arteaga Nava, aclara que, cuando hemos de interpretar al texto constitucional, se debe tener en mente que su texto fue creado para ser comprendido por todas las personas, y no, en cambio, pensar que solo aquellos peritos en la ciencia jurídica habrían de poderlo comprender. De tal suerte que el significado *primario* que se le debe dar a todas las palabras, debe ser, en principio, el que venga a la mente al común denominador de las personas, y no pretender, en cambio, que las palabras fueron dadas con significados ocultos o con tecnicismos forenses de inaccesible comprensión para la gente.[9] Luego entonces, si miramos la definición que da la Real Academia Española de la Lengua a la voz "persona"[10], advertimos que es incuestionable e indiscutible que su significado más común, próximo e inmediato *es lo referente al ser humano.*

¿Quién tiene personalidad jurídica conforme al Derecho mexicano?

Requerimos por fuerza, aquí sí, echar mano de la ciencia jurídica para responder esta pregunta, ya que de una simple lectura a este artículo 1º constitucional, no podríamos inferir, de la literalidad de su texto, una respuesta expresa y contundente a nuestra interrogante, pero sí la podemos encontrar oculta entrelíneas.

En su primera parte, "En los Estados Unidos Mexicanos todas las personas gozarán de los derechos humanos..." advertimos la palabra "gozarán". Desde el punto de vista del Derecho civil, la idea de que alguien pueda "gozar de un derecho", supone, a su vez, la figura de la "capacidad de goce". Y esta, a su vez, sabemos que se trata de un "atributo *de la persona*". Dado que solo puede afirmarse que "únicamente puede ser considerada *persona* quien tenga *personalidad jurídica*", podemos responder a la gran pregunta aquí planteada en este sentido: *dado que solo pueden ser llamadas "personas"* (esta expresión en su sentido estrictamente jurídico) *aquellos entes a quienes el Derecho quiera darles y/o reconocerles "personalidad jurídica", y dado que todo "ser humano" es "persona"* (esta expresión,

---

[9]   *Cfr.* Elisur Arteaga Nava, *Derecho Constitucional*, 3ª ed. (Ciudad de México: Oxford, 1999) 40-99.

[10] La primera acepción que da es: "1. f. Individuo de la especie humana".

aquí, en el sentido que define la normatividad internacional e incluso la Real Academia Española), *debe concluirse que nuestra Constitución Política reconoce que todo ser humano tiene personalidad jurídica.*

Viene ahora la pregunta más complicada:

¿El nasciturus figura, a nivel constitucional, en el Derecho mexicano?

De forma contundente podemos aseverar que no hay nada en la Constitución que, de forma categórica y expresa, haga alusión al naciturus o a su condición en general. Por fortuna, y para suerte de los naciturus, sí que se pueden llevar a cabo interpretaciones de algunas disposiciones constitucionales que pueden inducirnos a reconocer que *sí está reconocido como un ser humano dicho concebido (y, por obvia añadidura, su condición de sujeto del Derecho, o sea, su personalidad jurídica).* Veamos tan solo algunos artículos nada más, a fin de ser breves.

En el artículo 4º constitucional, su octavo párrafo dice en su primer parte:

> Toda persona tiene derecho a la identidad y a ser registrado de manera inmediata a su nacimiento...

De entrada, debemos aclarar que no es lo mismo el "derecho a la identidad" y el "derecho a que se registre su nacimiento". Tan es así, que una persona (naciturus) puede, *ser reconocido y adquirir su identidad incluso antes de su nacimiento, y el eventual y posterior registro de dicho nacimiento:*

> ARTÍCULO 353 QUÁTER.- Pueden gozar también ese derecho los hijos no nacidos, si el padre declara que reconoce al hijo de la mujer que está embarazada.

Por tanto, dejando clara la distinción comentada, y con base en el artículo del CCDF citado, podemos concluir que, el artículo 4º de la CPEUM *sí reconoce al naciturus como un sujeto del Derecho y, por tanto, tiene personalidad jurídica,* reafirmando esta aseveración el propio CCDF, al sentenciar que, dado que un concebido puede ser reconocido antes de su nacimiento, se infiere, por tanto, que dicho concebido goza del "derecho a la identidad" por ser "persona".

Nuevamente veremos el artículo 4° constitucional, solo que ahora en su noveno párrafo:

> En todas las decisiones y actuaciones del Estado se velará y cumplirá con el principio del interés superior de la <u>niñez</u>, garantizando de manera plena sus derechos. <u>Los niños y las niñas tienen derecho</u> a la satisfacción de sus necesidades de alimentación, salud, educación y sano esparcimiento para su desarrollo integral...

Si ya ha quedado aclarado que el concepto de "niño", desde el punto de vista de la normatividad internacional, hace referencia a *cualquier humano menor de 18 años (y, por tanto, cabe en este concepto un humano concebido/naciturus), se colige irremediablemente que la CPEUM sí protege al naciturus –por ser niño– y goza igualmente de "derechos" y de la protección que el principio del "interés superior de la niñez" le confiere.* Dicho de otra manera, el naciturus es un niño, el niño es humano, el humano es persona, luego entonces, el naciturus tiene personalidad jurídica reconocida por la Constitución.

Finalmente, me parece que el artículo 123 constitucional, referente a la materia laboral, por curioso que parezca, es quizá el más claro de todos los artículos que pudieran indirectamente reconocer al naciturus como persona.

En el apartado "A", la fracción V establece:

> ...V. <u>Las mujeres durante el embarazo no realizarán trabajos que exijan un esfuerzo considerable y signifiquen un peligro para su salud en relación con la gestación;</u> gozarán forzosamente de un descanso de <u>seis semanas anteriores a la fecha fijada aproximadamente para el parto y seis semanas posteriores al mismo,</u> debiendo percibir su salario íntegro y conservar su empleo y los derechos que hubieren adquirido por la relación de trabajo...

Siempre he considerado que esta fracción, aunque parece sin duda aludir *exclusivamente a la protección laboral de la mujer embarazada,* acaba por beneficiar al naciturus. Es decir, la CPEUM quiere proteger la salud de la mujer embarazada, pero lo hace también para que su salud no corra un peligro *en relación con la gestación.* Si la salud (y la vida) de la mamá está siendo protegida, también ello se hace *en relación con la gestación.*

Me parece que al emplear la expresión *"en relación con"* es porque busca la CPEUM una protección *mutua (y acaso, incluso, simbiótica*[11] *), pues la buena salud de la madre* se relacionará directamente *para con el naciturus y, a la inversa, la buena salud del que está siendo gestado*, se relacionará directamente con la buena salud *que la CPEUM busca conserve la madre.*

Quizá, y como último comentario, resulta interesante destacar que el articulado constitucional utilizó la expresión gestación. Si lo que busca la CPEUM es que la *gestación* se dé favorablemente (en términos de la salud de la madre y del propio concebido), ¿no acaso entra en conflicto, esta patente e indiscutible "protección y reconocimiento del derecho a la vida", con la "no penalización del aborto dentro de las 12 primeras semanas *de la gestación*" que comentamos en el capítulo anterior? ¿Será que, gracias a esta fracción V del artículo 123 constitucional, se acaba por reconocer que debe (y debió) prevalecer el artículo 22 de los Códigos Civiles, Federal y de la Ciudad de México, por encima de lo previsto en el Código Penal en materia de aborto, dado que, *el ser humano desde su concepción/naciturus entra bajo protección de la ley?*

Conclusión de este capítulo

Sin duda alguna el naciturus/concebido es un ser humano, y desde su concepción es y debe ser considerado como una persona que tiene reconocida, por esa precisa circunstancia, su personalidad jurídica.

Todo lo anterior puede ser afirmado a partir de la CPEUM y a la luz de la normatividad internacional. En esta última, todo es más claro, mientras que, en aquella, aunque no lo es del todo, pueden ejecutarse ejercicios interpretativos sobre su articulado normativo para afirmar que nuestra CPEUM está en el mismo canal que el Derecho Internacional Público, y con las mismas ideas manifestadas en este trabajo.

---

[11] Una suerte de relación complementaria entre seres vivos donde gracias al uno, vive el otro y viceversa. Según la Real Academia Española, "simbiosis": "1. f. Biol. Asociación de individuos animales o vegetales de diferentes especies, sobre todo si los simbiontes sacan provecho de la vida en común".

Materia civil

1. Atributos de la persona

Todo *ser humano*, sujeto del Derecho –y, mejor dicho, persona física–, *necesaria y forzosamente tiene siempre* 6 atributos: nombre, capacidad, domicilio, patrimonio, estado civil y estado político.

En realidad, estos atributos se tienen y acompañan, en abstracto, a toda persona y *en todo momento*, con independencia de que pueda predicarse de cada uno de tales atributos, *en un momento determinado*, algo *en concreto*.

Me explico: toda persona tiene, *necesariamente*, el atributo del "nombre" (así, en abstracto), pero quizá en un preciso momento, no se conozca con certeza cuál sea este (en concreto). Pensemos en un ejemplo (un tanto burdo, pero permítaseme en aras de claridad): una mujer que tuviese múltiples parejas sexuales masculinas ha quedado embarazada. No sabemos cuál de todos los hombres sería el padre en este momento. Sin duda sabemos que, a la criatura concebida, ya le puede corresponder el apellido materno de su madre. Pero el posible apellido paterno, lo tenemos ahora desconocido mientras no descubramos la identidad; aunque ojo: en realidad, debemos considerar que el apellido *paterno* que le pudiera corresponder, <u>ya existe</u>, por lo que el mero hecho de que nosotros desconozcamos *cuál es ese apellido*, no significará que dicho bebé "no lo tenga". Es decir, ya lo tiene, pero solo hace falta identificar al progenitor para poder precisar cuál era ese apellido que, *desde la concepción, siempre lo tuvo, mas solo lo desconocíamos*.

En este mismo ejemplo, podríamos afirmar que tampoco tiene dicha criatura recién concebida, un "nombre de pila". Dado que no sabemos si será hombre o mujer, no ha resuelto la madre de nuestro caso hipotético, qué nombre le decidirá imponer.

Con lo anterior, queda demostrado que el atributo "nombre", en abstracto, *se tiene por el simple hecho de ser un sujeto del Derecho, es decir, persona física*; pero su "nombre", en concreto, *está apenas siendo determinado*.

Podríamos decir lo mismo de las personas que tienen o no nacionalidad. Como personas que son, tienen necesariamente el atributo "estado político" (en abstracto); aunque en el primer caso, este atributo es llenado por la institución del "nacional" (estado político en concreto), mientras que, en el segundo caso, la figura que llena este atributo es la figura del "apátrida" (estado político en concreto).

Por lo anterior, podemos advertir que existen atributos que, aunque se tienen siempre y *en abstracto*, pueden, *en concreto*, determinarse, conocerse, o incluso modificarse, en un momento posterior. Y otros, por ejemplo, pueden conocerse desde el instante mismo en que aparece la persona física, al momento de su concepción: por ejemplo, la capacidad, dado que según la ley que lo regule, se sabrá cuáles son los derechos de los que, a partir de ese momento, ya pueda ser titular.

Pero insistimos, los atributos, <u>abstractamente</u> considerados, *siempre, forzosa e invariablemente acompañan a todo sujeto del Derecho, por ser precisamente llamados "atributos <u>de la persona</u>"*; pero, <u>concretamente</u> considerados, podrían precisarse, conocerse, determinarse o modificarse con posterioridad.

Así las cosas, pasemos revista a los atributos, pero deteniéndonos exclusivamente en la figura del naciturus, ya que este tema de los atributos ha sido fácilmente entendido y estudiado en las universidades y en la doctrina, tomándose en consideración al "hombre que ya *nació*", pero olvidado, o, mejor dicho, prestando poca atención al caso del "hombre que no ha nacido, pero está concebido", esto es, el naciturus.

Pienso que esto es así porque, por los avances científicos de la medicina en tiempos pasados, era más fácil tomar como protagonista de la realidad jurídica al que ya había nacido, pero al concebido se le dejaba de lado por estar en una incertidumbre sobre si nacería o no. Era (o es) más fácil construir realidades a partir de certidumbres (el que ya nació) y no sobre incertidumbres (el que puede o no nacer).

Y mi intención es, a partir de ahora, redefinir y/o replantear algunas cuestiones jurídicas que tenemos en torno a ello, en nuestro Derecho mexicano, ya que se antojan obsoletas, antiguas y anquilosadas muchas de nuestras disposiciones normativas y de nuestra doctrina nacional, ante la nueva realidad jurídica y científica en el mundo. Comenzaré con el nombre, como el primer atributo a estudiar.

2. Nombre

Al principio de la obra, estudiamos algunas disposiciones internacionales y constitucionales relacionadas con este tema. Las traigo a colación nuevamente para desarrollar este punto:

DECLARACIÓN DE LOS DERECHOS DEL NIÑO

...PRINCIPIO 3
El niño <u>tiene derecho desde su *nacimiento* a un nombre</u> y a una nacionalidad...[12]

CONVENCIÓN SOBRE LOS DERECHOS DEL NIÑO

...ARTÍCULO 7

1. El niño será inscrito inmediatamente después de su nacimiento y <u>tendrá derecho desde que *nace* a un nombre</u>, a adquirir una nacionalidad y, en la medida de lo posible, a conocer a sus padres y a ser cuidado por ellos...[13]

En el artículo 4° constitucional, su octavo párrafo dice en su primera parte:

<u>Toda persona tiene derecho a la identidad</u> y a ser registrado de manera inmediata a su nacimiento...

Los dos primeros ordenamientos internacionales antes aludidos, señalan que es un derecho tener un *nombre*. De acuerdo, ¿pero a partir de cuándo? Según señalan, ese "derecho" *solo lo tienen desde que <u>nacen</u>*. ¿Será eso correcto? Más adelante opinaré al respecto.

Nuestra CPEUM, en cambio, sin meterse a un tema de "temporalidad" alguna (pues no invoca el momento del nacimiento o de la concepción), estima que *toda persona* tiene derecho a la identidad (es decir, a tener un nombre). Estimo en este caso, y quizá ni lo vio así nuestro constituyente, que es más atinado el texto constitucional, que el texto de la normatividad internacional.

---

12 CNDH, "Declaración de los Derechos del Niño".
13 CNDH, "Declaración de los Derechos del Niño".

¿Y por qué afirmo lo anterior? Me parece evidente que tener un nombre, no necesariamente es tan solo un *derecho*; puede en otros casos ser también *una obligación*, o incluso, *una necesidad apremiante*.

Pensemos este caso: si un señor, al enterarse que su esposa está embarazada de su primer hijo (y lleva a penas un par de semanas de embarazo), le apetece, en un acto de emoción, donar una casa a dicho hijo concebido, surgirá un pequeño pero complicadísimo contratiempo: *¿cómo se llamará, en ese contrato de donación, a la parte donataria –el hijo concebido–, que apenas tiene dos semanas de gestación? ¿le inventamos un nombre de mujer o de hombre –apostándole a que sí le vaya el nombre– o le inventamos un nombre "neutro" para que le pudiera acomodar en cualquiera de los escenarios?* Desde luego muchos otros inconvenientes se podrían presentar, pero, en aras de practicidad, me limitaré a lo relativo al atributo "nombre".

¿No es aquí evidente la *necesidad, y no solo un "derecho"*, de llevar un nombre *en ese momento de la gestación*, en vez de esperar al dichoso momento del "nacimiento" que tantas veces se hizo hincapié en la normatividad internacional?

Pensemos que este naciturus de nuestro ejemplo, queda ya considerado como el donatario de la casa y, por lo tanto, es ya el propietario. Consecuentemente, tiene que pagar un impuesto, así como tener un expediente por "actividades vulnerables" (en términos de la Ley Federal para la Prevención e Identificación de Operaciones con Recursos de Procedencia Ilícita), que debería ser integrado por una cédula de inscripción fiscal, una constancia de Clave Única de Registro de Población, entre otros documentos más... ¿Y *quién* es ese sujeto pasivo del impuesto? ¿Cómo se llama ese dueño beneficiario? ...*¿No es aquí, un caso donde sería una* obligación *tener un nombre y no tan solo un "derecho"? ¿Tendrá sentido, o, mejor dicho, sería posible esperar, a que ocurra ese nacimiento para poder cumplir con esas obligaciones?*

Asumiendo que el "derecho al nombre" surge *al momento de nacer*, según la normatividad internacional, ¿sería posible gestionar o maquinar algo para que ese derecho *surgiera antes del nacimiento*, por ejemplo, a los siete meses de gestación?

Si respondemos que "no es posible gozar de tal derecho sino hasta el momento de nacer", entonces no logro explicarme cómo podría entonces operar "el derecho de un padre a reconocer a su hijo antes de que nazca", según lo permite el CCDF:

ARTÍCULO 353 QUÁTER.- Pueden gozar también de ese derecho <u>los hijos no nacidos</u>, si el padre declara que <u>reconoce al hijo de la mujer que está embarazada</u>.

¿Podría "reconocerlo", sin darle un nombre? ¿No acaso dice nuestra CPEUM que *toda persona* tiene derecho a la identidad?

De lo anterior, se colige que el *nombre* no debe ser visto tan solo como un "derecho". Algunas veces, incluso, es una *obligación* y, otras veces, una *necesidad habilitante* para llevar a cabo un acto jurídico. Y mucho menos considero que el nombre –sea como derecho, como obligación o como necesidad habilitante–, deba esperar su protagonismo y aparición en escena "hasta el momento del nacimiento", pues queda claro que, desde el instante mismo de la concepción, puede resultar menesteroso y apremiante contar con un nombre inmediatamente.

¿Y qué decir del avance científico gestacional de nuestra realidad? Si en estos tiempos de modernidad y avance médico, podemos ahora diseñar y elegir, entre otros, el sexo que se desea tenga una persona, ¿no podría entonces, al tenerse plena certeza del sexo que tendrá, atribuirle un nombre de pila de forma inmediata que pueda coincidir al de su sexo? Si decido tener una hija, o un hijo, ¿qué necesidad tengo de esperar a que nazca para ya poder imponerle un nombre e, incluso, dárselo ya para poder hacerlo parte en algún negocio jurídico, o nombrarlo o nombrarla en mi testamento?

¿A partir de cuándo se tiene entonces "derecho" a ese nombre? No está claro ni resuelto en nuestra legislación con precisión alguna. Quizá el artículo 22 de los Códigos Civiles (Federal y de la CDMX), ya está obsoleto al pretender hacer surgir los efectos de la "capacidad jurídica" (*de lege ferenda*, personalidad jurídica) al momento del nacimiento, ya que, con los avances de la ciencia médica, no hay realmente mucha justificación para aguardar hasta esos momentos para que el sujeto del Derecho pueda tener una realidad participativa y material en el mundo jurídico.

Aunado a lo anterior, y con ánimo de criticar, si la personalidad jurídica comienza con el nacimiento, según reza el artículo 22, entonces la única forma de probar que una persona física "existe en el mundo del Derecho", es *hasta el momento en que se tenga un acta de nacimiento*, pues así lo estatuye el CCDF:

> Artículo 39.- <u>El estado civil sólo se comprueba con las constancias relativas del Registro Civil</u>; ningún otro documento ni medio de prueba es admisible para comprobarlo, salvo los casos expresamente exceptuados por la ley.

Bajo esa ilógica, el estado civil del "nacimiento", no podría acreditarse respecto de un naciturus, pues evidentemente no puede ser registrado su nacimiento; aunque bueno, podría pensarse que un posible caso de excepción que le dará al naciturus el carácter de nacido (aunque no lo esté), sería el mandato legal del artículo 22 del CCDF, pues la ley misma finge tener al concebido "por nacido" y solo "para los efectos declarados por el presente Código".

El problema de esto último es que esos "efectos declarados" no tienen justificación alguna para quedar acotados, ya que el concebido puede y debería poder ser parte en cualquier acto (la personalidad jurídica es única, abstracta e indivisible) y, además, también es deficiente aquella expresión, ya que hay "otros efectos" previstos en "otras leyes" que no son "el presente Código" que dan juego y reconocen en el concebido, personalidad jurídica: en la Ley General de Títulos y Operaciones de Crédito, se prevé que pueda ser fideicomisario[14].

Hay quienes consideran que la razón de ser del "nombre" es lograr la *identificación e individualización* de la persona. Mas alegan que, al estar inmersos en un avance científico de la medicina portentoso, puede quedar desplazado para un momento posterior, el establecimiento de un nombre. Es decir, consideran que, si podemos ahora conocer el código genético (ADN) de una persona, incluso desde la concepción, ese componente único e irrepetible entre los humanos, permitirá lograr la identificación e individualización, sin tener que llegar, por lo tanto, a la necesidad de preocuparnos por dar un nombre ahora para alcanzar tales fines de identificación e individualización y esperar mejor, calmadamente, a que ocurra el nacimiento para dar el nombre.[15]

No estoy tan de acuerdo con lo anterior. Es decir, sin duda alguna, coincido en que tal información genética puede individualizar e iden-

---

[14] Rico Álvarez *et al.*, *Introducción al Estudio*, 185.
[15] Garzón Jiménez, *Análisis civil y constitucional*, 140-143.

tificar a una persona desde el punto de vista de su código genético, y no habrá jamás, manera alguna de confundir, bajo este mecanismo, a una persona con otra. Sin embargo, me parece que un argumento de esa forma, deshumaniza al hombre, pues sería tanto como hablar de un número de serie de una computadora, que también es único e irrepetible para cada uno de dichos aparatos; además de que reduce al hombre al nivel de otras especies que igualmente pueden tener códigos genéticos irrepetibles (como pudieran serlo primates, serpientes o ratones).

Además, el nombre, si bien puede tener una finalidad "individualizadora" e "identificadora" entre los hombres (vamos, en este caso, comparado con el código genético, sin duda que el nombre se queda corto y es más preciso y sólido el ADN), no deja de ser un *derecho humano* (que si bien es cierto también es un derecho humano, no es lo mismo al derecho humano a la identidad) y, al menos, uno de los últimos vestigios de civilidad y humanidad que aún conservamos, antes de que nos empecemos a identificar con números o códigos... ¿y no más bien ya lo estamos haciendo con la CURP (Clave Única de Registro de Población) o con el RFC (Registro Federal de Contribuyentes), por ejemplo?

Sea como fuere, no quisiera que la cuestión de la "individualización" e "identificación" de una persona se comprendiera alcanzable a través de una dicotomía de posibilidades –la del nombre o la del código genético– sino, más bien, y en la medida de lo posible, que se dieran de manera conjunta. Y es que creo que no podría ser de otra manera, pues, al fin y al cabo, el derecho al nombre y el derecho a la identidad, son por igual *derechos humanos*.

Por lo tanto, resulta imperioso repensar y legislar el tema del nombre y, sobre todo, tomando como punto de partida al naciturus –a la concepción—, y no tomar como punto de partida, como erróneamente se tiene ahora, a la persona nacida – el nacimiento. Por suerte, mientras esperamos a que ello tenga lugar, considero que el texto constitucional del artículo 4º arriba auscultado, cubre enormemente esta necesidad, pues nunca distinguió un momento preciso (sea el del "nacimiento" o el de la "concepción") a partir del cual surgirá el aludido *derecho a la identidad*.

3. Domicilio

Sabemos que en la vasta doctrina civilista, al estudiar el atributo del domicilio de la persona física, se habla de la existencia de varios tipos de domicilios posibles que pudiera tener dicha persona (real, legal, convencional, fiscal, etc.) A decir de Roberto Garzón Jiménez, un naciturus *tiene únicamente domicilio legal*.[16]

Lo anterior lo afirma con base en el artículo 31 del CCDF:

> Artículo 31.- Se reputa domicilio legal:
> I.- Del menor de edad, el de la persona a cuya patria potestad está sujeto ...

Dicho autor fundamenta su razonamiento al considerar que un *naciturus* es un menor de edad. No objeto en lo absoluto dicha afirmación: coincido en ese punto completamente con él. Es más, hasta dejé patente mi similar sentir, al comienzo de este trabajo, cuando concluí que, según la normatividad internacional, el concepto de naciturus encuadra perfectamente en el concepto de "niño" (quien es, según aquella normatividad y la nacional nuestra, un menor de edad).

Mi objeción viene, por otra parte, en si realmente esta fracción, tal y como está redactada, le es aplicable a un naciturus, por lo siguiente:

- Habla en singular de "*la persona* a cuya patria está sujeto". ¿Quién ejerce la patria potestad sobre un concebido?
- ¿Y si el concebido fue reconocido por el papá, precisamente durante la etapa gestacional, ejerce también la patria potestad sobre él? ¿Y si mamá y papá vivieran en domicilios separados?
- El autor afirma que el domicilio legal del nasciturus es el del lugar donde sus *padres, en ejercicio de la patria potestad*, tengan su domicilio. ¿Y si esos padres fueran "menores de edad", al no poder entonces ejercer la patria potestad, sería entonces domicilio legal del nasciturus, *el de los abuelos en ejercicio de la patria potestad*? ¿Y si los "padres" fueran menores, y no hubiera tampoco abuelos algunos que pudieran ejercer la patria potestad, entonces qué domicilio legal podría tener el *nasciturus*? ¿Esta fracción ya no le sería aplicable?

---

[16] Garzón Jiménez, *Análisis civil y constitucional*, 143-145.

Y en este mismo supuesto, si no hay "patria potestad", ¿tendríamos que invocar la fracción II de este mismo artículo y atribuirle al nasciturus como "domicilio legal", el que tuviera *su tutor*?:

> ARTÍCULO 31.- Se reputa domicilio legal
> ... II.- Del menor de edad que no esté bajo la patria potestad... el de su tutor...

¿Cómo se le nombraría un tutor a un nasciturus? Y si tampoco podemos invocar esa fracción II, ¿no le podría aplicar al nasciturus el tipo de domicilio a que se refiere la última parte del artículo 29 del CCDF?:

> ARTÍCULO 29.- *El domicilio de las personas físicas* es el lugar donde residen habitualmente, y a falta de éste, el lugar del centro principal de sus negocios; en ausencia de éstos, el lugar donde simplemente residan y, *en su defecto, el lugar donde se encontraren.*

- En la maternidad subrogada, ¿quién es aquel, o aquella, o aquellas personas que pudieran ejercer la patria potestad?

- En una reproducción asistida, por ejemplo, fecundación in vitro, donde el humano producto de la fecundación estuviera en un laboratorio en México, y los progenitores, mientras aguardan, esperan en su casa ubicada en Singapur, ¿realmente el Derecho mexicano, daría por domiciliado a dicho humano en Singapur?

Considero crucialmente necesario reformular el articulado del CCDF para reglamentar oportuna y prudentemente el domicilio que todo naciturus deberá tener. Sin duda podrían sugerirse muchas posibilidades, pero, ante los múltiples y posibles escenarios, sin duda creo que el Derecho mexicano deberá optar por crear una especie de domicilio que, en las últimas de las instancias posibles, se le confiera un domicilio que resulte, ante todo, en su mayor protección y salvaguarda de sus derechos.

Esto es, podría dársele un domicilio legal que consista, en un primer término, en el lugar donde tenga su domicilio la madre y, en su caso, el de la madre y el padre que lo hubiera reconocido también durante la gestación; a falta, el del padre; a falta o impedimento, el domicilio de cualesquiera de los abuelos que en su caso decidiera el juez de lo familiar; a falta, el domicilio de algún posible tutor que igualmente le nombre el juez de lo familiar; y, finalmente, a falta, y para los casos de génesis extrauterina por reproducciones asistidas, el domicilio que le pudiera corresponder a las autoridades administrativas encargadas de la guarda y custodia de los menores que se encuentren en la misma demarcación que aquella en la que se halle el humano gestacional.

4. Patrimonio

Sobre este particular, no considero que haya comentario alguno que hacer. Es decir, el nasciturus es titular de su patrimonio, en tanto persona, el cual puede reportar lo mismo obligaciones que derechos, aunque lo más común es que, en su comienzo, reporte más comúnmente derechos, antes que obligaciones.

5. Capacidad

Como es usual, habrá que distinguir: capacidad de goce y capacidad de ejercicio.

En la <u>capacidad de goce</u>, es ya tradición arraigada en el Derecho mexicano, afirmar que el nasciturus tan solo podrá ser titular de *algunos* derechos y/o obligaciones. ¿Cuáles? Típicamente se dice que solo puede ser titular de los que el propio ordenamiento jurídico le conceda de forma expresa; y esto, con base en la última parte del varias veces aludido, artículo 22 de los Códigos Civiles, tanto Federal como de la Ciudad de México:

> ARTÍCULO 22.- La *capacidad* jurídica de las personas físicas se adquiere por el nacimiento y se pierde por la muerte; *pero* desde el momento en que un individuo es *concebido*, entra bajo la protección de la ley y *se le tiene por nacido para los efectos declarados en el presente Código.*

¿Y cuáles serían esos "*efectos declarados en el presente Código*"? ¿Se tratará de "efectos" limitativos, o serán tan sólo enunciativos? La inmensa mayoría de la doctrina mexicana coincide en declarar que esos "efectos" a que se refiere el CCDF, son cuatro: ser reconocido como hijo (artículo

353-Quáter); ser donatario (artículo 2,357); y ser heredero y legatario (artículos 1,314 y 1,391). Y, se tiene un quinto "efecto" (aunque ubicado fuera del CCDF), en términos de la Ley General de Títulos y Operaciones de Crédito: ser fideicomisario (artículo 394, F, II).

Existen posturas que sentencian que los cinco "efectos" arriba indicados son *limitativos*, por lo que no es posible sostener mayores "efectos", con base en la doctrina *"pro iam nato habetur"*, que sostiene que el *naciturus* sólo puede ser titular, *exclusivamente*, de relaciones jurídicas *donde sea siempre beneficiado (mas nunca afectado)*. Y, al contrario, están las posturas que afirman que un *naciturus* debería poder ser titular de *cualquier* tipo de relación jurídica, incluso aquellas que pudieran serle en su perjuicio.[17]

Sin duda alguna, comparto la última postura, pues no existe razón alguna para, simultáneamente, desconocerle y reconocerle la personalidad jurídica a un *naciturus*: o es, o no es persona; pero nunca decir que algo "es y no es" al mismo tiempo, pues constituye un indiscutible absurdo. De igual forma, siendo la regla general *la capacidad*, y la excepción la incapacidad[18], debemos colegir que mientras no exista de forma expresa alguna prohibición para que un *naciturus* pueda ser titular en una relación jurídica (sea como sujeto activo o como sujeto pasivo), debemos siempre afirmarle la capacidad de goce al *naciturus*.

Considero, por tanto, sumamente aconsejable abandonar la anquilosada tradición que limitaba al *naciturus* a ser titular de los derechos y obligaciones "declarados en el presente Código", por tres razones: uno, no hay fundamento legal que le desconozca mayores posibilidades que las que diga dicho CCDF; dos, y en misma línea de lo anterior, ya sabemos que hay otra Ley –Ley General de Títulos y Operaciones de Crédito, que es evidentemente distinta a dicho "Código" (CCDF)– que le reconoce "efectos" al *naciturus* también; y, tres, es absurdo, ilógico e inadmisible, decir que un ser humano algunas veces "es" y otras veces "no es" persona física.

---

[17] *Cfr*. Rico Álvarez *et al.*, *Introducción al Estudio*, 185.
[18] CCDF, ARTÍCULO 1,798.- Son hábiles para contratar todas las personas no exceptuadas por la ley.

Por lo que respecta a la <u>capacidad de ejercicio</u>, es indiscutible que un naciturus requerirá, por fuerza, de un representante legal, dado que nunca podrá, durante su vida intrauterina, ejercer por sí mismo algún derecho del que llegara a ser titular, ni cumplir, por sí mismo, alguna obligación de la que también lo fuera.

El naciturus padece tanto la incapacidad de ejercicio *natural*, como *legal*, según la fracción I del artículo 450 del CCDF:

> ARTÍCULO 450.- Tienen incapacidad *natural y legal*:
> I.- Los menores de edad [...].

De igual forma, la incapacidad de ejercicio legal encuentra su fundamento en el artículo 23 del CCDF:

> ARTÍCULO 23.- *La minoría de edad*, el estado de interdicción y demás incapacidades establecidas por la ley, *son restricciones a la capacidad de ejercicio...*

Discurrimos que respecto del naciturus, su incapacidad de ejercicio es legal, pues es la propia ley –el CCDF, mejor dicho– la que lo dijo, porque así quiso la ley que fuera considerado el naciturus: la ley quiso mandatar que todo menor de edad sea incapaz de ejercicio; todo naciturus es menor de edad; luego entonces, el naciturus, al ser menor de edad, es incapaz de ejercicio por ministerio de ley.

Pero también es incapaz de ejercicio, de forma *natural*, aunque lamentablemente el CCDF no entra a detalles puntuales de qué deberíamos entender por la incapacidad "natural", pues se limitó a mencionarla en el artículo 450, pero sin profundizar en sus características. Esta incapacidad obedece estrictamente a razones *físicas, biológicas, psicológicas; en suma, situaciones reales y "naturales"* que un ser humano pudiera tener. Entre ellas, le son atribuibles a todo naciturus, la imposibilidad de "querer y entender", de "conocer y querer", de "discernimiento y voluntad", de "razón y de gobierno de sí mismo".[19]

---

[19] Jorge Alfredo Domínguez Martínez, *Incapacidad de ejercicio y discapacidad. Fijación de conceptos. Esencia. Alcances. Relaciones. Confusión. Su aplicación en la actividad nota-*

Nos queda claro, entonces, que el naciturus, desde el punto de vista de la capacidad de goce, es apto de poder ser titular de cualquier tipo de derecho y obligación, a menos que exista expresa limitación al respecto; mientras que, desde el punto de vista de su capacidad de ejercicio, se halla en absoluta incapacidad, tanto legal, como naturalmente hablando. Y en atención a esto último, ¿quién debería representar al naciturus para el ejercicio de sus derechos y el cumplimiento de sus obligaciones? Parecería la respuesta encontrarse en el artículo 23 del CCDF:

> ARTÍCULO 23.- *La minoría de edad*, el estado de interdicción y demás incapacidades establecidas por la ley, *son restricciones a la capacidad de ejercicio* que no significan menoscabo a la dignidad de la persona ni a la integridad de la familia; *los incapaces pueden ejercitar sus derechos o contraer obligaciones por medio de sus representantes.*

¿Y quiénes son esos representantes? El CCDF es omiso en señalar *quiénes son o deberían ser los representantes de un naciturus.* Sabemos que la patria potestad y la tutela son las instituciones creadas para representar a los menores de edad *ya nacidos.* Poco puede inferirse sobre un *no nacido* –naciturus– desde el texto de nuestro CCDF. Consecuentemente, surgen varias dudas: ¿la mujer gestante, es en automático la titular de la patria potestad? ¿Si el papá lo reconociera como su hijo, sería él solo, o conjuntamente con la mujer gestante, el o los titulares de la patria potestad? ¿Podría haber tutela de un naciturus? ¿Si se ejerciera algún derecho o se cumpliera alguna obligación, el representante del naciturus lo haría a "nombre" (¡¿a nombre de quién?!) de dicho naciturus? Es decir, ¿cómo materializamos en un acto jurídico al naciturus para que se constituya en "parte celebrante" o en "otorgante" de dicho acto?

Es necesario, urgente y apremiante, entrar a regular estas lagunas, máxime que México es parte ya de diversas Convenciones en materia de discapacidad, y nuestro ordenamiento sustantivo civil se ha quedado muy laxo en esta cuestión (y no se diga en la parte puntal del naciturus, pues aquí podríamos decir que estamos "en blanco").

---

rial, núm 5 (Ciudad de México: Procesos Editoriales, 2020), 28-36.

En consecuencia, y nuevamente con un enfoque garantista y en comunión con el principio de progresividad en materia de derechos humanos, deberá nuestro CCDF reconocer plena y absoluta capacidad de goce del *naciturus*, como regla general, y entender limitada esa capacidad a los casos que de forma exclusiva y expresa señale la ley. En suma, eliminemos la retrógrada redacción final del CCDF en su artículo 22, la que señala que al concebido se le fingirá nacido sólo "para los efectos declarados en el presente Código".

6. Nacionalidad

Sabemos que, en Derecho mexicano, la nacionalidad se adquiere *ius soli* y *ius sanguini*. No me meteré a desarrollar estas instituciones –derecho de suelo y derecho de sangre, respectivamente–, dado que asumo que se tienen por comprendidos. Pero quiero evidenciar nuevamente cuán atascados estamos en esta materia por lo que respecta al *naciturus*.

Para empezar, partamos de una pregunta toral: ¿Puede darse la nacionalidad mexicana por supuestos distintos a los estatuidos en la CPEUM en su artículo 30, apartado A[20]?

Sin duda, la respuesta a esa interrogante debe ser un rotundo no, si consideramos la connatural superioridad jerárquico-normativa de nuestra Constitución. Pero concédaseme formular estas interrogantes para advertir fugas en nuestro ordenamiento supremo:

¿Un *naciturus*, que fuera reconocido por su padre –mexicano–, no debería tener, por ese solo hecho y en automático, nacionalidad mexicana? Si el padre lo reconoce durante su vida intrauterina, pasa a ser su

---

[20] Artículo 30. La nacionalidad mexicana se adquiere por nacimiento o por naturalización.
A) Son mexicanos por nacimiento:
I. Los que nazcan en territorio de la República, sea cual fuere la nacionalidad de sus padres.
II. Los que nazcan en el extranjero, hijos de padres mexicanos, de madre mexicana o de padre mexicano.
III. Los que nazcan en el extranjero, hijos de padres mexicanos por naturalización, de padre mexicano por naturalización, o de madre mexicana por naturalización, y
IV. Los que nazcan a bordo de embarcaciones o aeronaves mexicanas, sean de guerra o mercantes...".

hijo. Y si es su hijo, ¿no debería ser también mexicano, a pesar de no haber "nacido", según dice en todos los casos el artículo 30 constitucional? De acuerdo, no ha nacido, pero es mi hijo y, sin embargo, si fuéramos exegéticos, deberíamos concluir que ese padre tiene por hijo a un "apátrida" (al menos esa sería su condición mientras "no nazca").

¿Un naciturus, es apátrida? Sabemos que es un derecho humano el tener una nacionalidad. ¿Pero realmente es necesario esperar a que nazca, para poderle atribuir una nacionalidad? Y es que, si hacemos caso literal al texto constitucional, todo naciturus es un apátrida mientras no nazca. ¿Se vale afirmar esto?

Imaginemos que un naciturus fuera heredero de su padre, quien antes de fallecer, lo instituyó como su único heredero mediante testamento. Desde luego, al ser reconocido en el testamento, nos brotarían las mismas interrogantes con las que comenzamos estas conjeturas.[21] Pero me centro en este planteamiento para analizar estas preguntas: ¿al padre le heredará un apátrida? ¿Qué tratamiento fiscal se le da? ¿Fiscalmente se la tratará como si fuera un nacional mexicano (cosa que sería imposible pues no ha "nacido", según el artículo 30 de la CPEUM)? ¿O se le tratará como si fuera dicho naciturus un apátrida –predicar de él una condición de "extranjero", no sería muy técnico, pues no es un "nacional de otro país"[22]– por no tener, de momento, nacionalidad alguna? ¿Si no ha nacido y, por tanto, no es mexicano, debe celebrar con la Secretaría de Relaciones Exteriores el convenio a que se refiere la fracción 1 del

---

[21]   Recordemos que una de las formas para reconocer a un hijo es a través de un testamento:
(CCDF) ARTÍCULO 369. El reconocimiento de un hijo deberá hacerse por alguno de los modos siguientes:
... IV. Por testamento...

[22]   Aunque desde el punto de vista legal (lamentablemente impreciso), nuestro ordenamiento jurídico sí considera como "extranjero" a todo aquél que "no sea mexicano": Ley de Nacionalidad, artículo 2º:
"Artículo 2o.- Para los efectos de esta Ley, se entenderá por:
... IV. Extranjero: Aquel que no tiene la nacionalidad mexicana". Luego entonces, parecería necesario considerar al nasciturus como un "extranjero", pues al no haber "nacido" no se puede predicar de él su nacionalidad mexicana.

artículo 27 constitucional, para adquirir algún inmueble que hubiera en la masa hereditaria de su padre?

Supongamos ahora otro caso: un señor que desea donarle a su hijo concebido, un departamento. ¿Le va a donar a un mexicano o a un apátrida? Dado que no ha nacido, no puede afirmarse que sea mexicano, luego entonces, le está donando a un apátrida. ¿Qué tratamiento fiscal se le da a esta donación? ¿Qué requisitos administrativos se deben cumplir? ¿Se debería también celebrar el convenio arriba mencionado, ante la Secretaría de Relaciones Exteriores, en términos de la fracción I del artículo 27 de la Constitución?

Ante los planteamientos formulados en los dos párrafos inmediatos anteriores, se me podría decir que mis planteamientos son infundados, pues si se invoca el artículo 22 del CCDF, se podría afirmar que ese concebido *se le tuvo por nacido y, por lo tanto*, en términos ahora del artículo 30 de la CPEUM, *se le puede considerar como mexicano pues "nació", al menos, para efectos de esa herencia y de esa donación...* ¿es lógico decir que una persona es mexicana para ciertos efectos, pero para otros, esa misma persona carece de nacionalidad mexicana?

¿Qué me dirían si les dijera que, en el caso de la herencia arriba platicado, sucede que el padre *de cujus*, era finlandés y, por cuestiones de la pandemia del COVID-19, la madre, también finlandesa, optó por regresar a su patria para dar a luz, al niño concebido, en Finlandia?

Ese naciturus, ¿adquirió la nacionalidad mexicana, sin haber nacido *realmente* sino solo por la *ficción de haberle tenido por nacido*? El niño nació *realmente* en Finlandia, pero *fingiremos que nació en suelo mexicano*. ¿Es propio del *ius soli* configurarse y tener lugar por una mera *ficción*, o sea, que apliquemos el *ius soli* a alguien que jamás nació en el suelo patrio?

Y siendo hijo de padre y madre finlandeses, ¿cabría invocar, *dada esa ficción de nacimiento*, el *ius sanguini*?

Y en el caso de la donación, ¿qué me dirían si les comento que la donación del departamento que hizo el señor, a favor de su hijo concebido, se llevó a cabo en instrumento notarial, habiéndose celebrado, por medio de poderes, dado que la madre y el concebido estaban en España? Para efectos de esta donación, añadiré también que, tanto padre y madre, son españoles y, por lo tanto, ningún vínculo de nacionalidad mexicana hay con el concebido. Si se le tuviera por "nacido" para efectos de la donación, ese *naciturus*, sería extranjero (pues por una ficción *se le hizo tener por nacido para ese acto y*, por estar ubicado en España, el Derecho mexicano "lo hizo español"). Pero resulta que, la madre viaja a México para descansar en la playa hasta que llegue la fecha del alumbramiento, y el hijo ahora sí *nace realmente* en territorio mexicano.

¿Se le donó a un español? ¿Se le donó a un mexicano? ¿Qué implicaciones fiscales se presentaron en un primer lugar y qué consecuencias se suscitarían cuando se le atribuye la nacionalidad mexicana?

¿Realmente la ficción de "tenerlo por nacido" puede tener consecuencias armoniosas frente a la "no ficción de nacimiento", o sea, al "real nacimiento" que exige la CPEUM? ¿No debería un concebido tener una nacionalidad inmediatamente a su concepción, considerando no sólo para dicho concebido la sangre –el derecho de sangre, mejor dicho– *sino el lugar de su concepción*? Es decir, sugiero que se le dé también importancia al *lugar donde ocurre la concepción* para imputar una nacionalidad, la cual, al menos, podría funcionar momentáneamente para los posibles actos jurídicos en los que el naciturus pudiera tener participación.

Por otra parte, durante el año 1997, se publicaron el 20 de marzo en el Diario Oficial de la Federación, reformas a la CPEUM en materia de nacionalidad, y en el artículo tercero transitorio de dicha reforma, se hace alusión a los "concebidos":

> TERCERO: las disposiciones vigentes con anterioridad a la entrada en vigor de este decreto seguirán aplicándose a los nacidos o concebidos durante su vigencia...

De este artículo, dos comentarios podemos discurrir:

Uno, invariablemente, la CPEUM ha reconocido para siempre y sin vuelta a atrás, que el "concebido" es un ser humano con personalidad jurídica, de maneta que la persona física surge y cobra protagonismo en la vida jurídica *desde la concepción*. Dos, es claro que se permitió atribuir la nacionalidad mexicana *desde la concepción, y sin importar el nacimiento como tal*. Entonces, un naciturus, por el simple hecho estar concebido, adquiere desde el momento de la fecundación, la nacionalidad mexicana, bastando para este caso, no el *ius soli*, sino el *ius sanguini*, es decir, bastando que uno solo de sus padres fuera mexicano, por lo que ya no importará el lugar de nacimiento, o el nacimiento mismo *per se*, para fijar la nacionalidad mexicana.[23]

Considero que la nacionalidad debe ser estudiada con mayor profundidad en la figura del naciturus. No es admisible desconocer la nacionalidad al naciturus ni mucho menos cuando se trata de asuntos jurídicos donde él pudiera ser parte, momento en el cual cobrará relevancia incuestionable ese derecho a la nacionalidad, lo cual constituirá, además, una cierta utilidad operativa en el mundo del Derecho; pero insisto: no porque no pudiera representar alguna utilidad en la vida particular de un naciturus, habremos de eximirle de tal derecho: es un derecho humano la nacionalidad.

---

[23] Garzón Jiménez, *Análisis civil y constitucional*, 153.

EL INCUMPLIMIENTO DE LAS OBLIGACIONES

Roberto Garzón Jiménez[1]
Universidad Panamericana

Introducción

Con el incumplimiento de las obligaciones[2] se relacionan varias instituciones del Derecho Civil, que en algunos libros de doctrina se tratan de manera separada lo que puede inducir a que se consideren como

---

[1]	Notario público. Catedrático de Derecho Civil en la Universidad Panamericana, en la Universidad Iberoamericana y en el Posgrado de la Escuela Libre de Derecho. Dos doctorados, uno en la Universidad Panamericana (mención honorífica) y otro en la Universidad de Castilla-La Mancha (sobresaliente, cum laude). Tres posgrados con Mención Honorífica en la Universidad Panamericana y dos con mención sobresaliente en la Universidad de Castilla-La Mancha. Autor de obras académicas editadas por Porrúa y Tirant lo Blanch.

[2]	Sobre el incumplimiento de las obligaciones véase Rafael de Pina, *Elementos de Derecho Civil Mexicano*, t. III y IV, 2ª ed. (Ciudad de México, Porrúa, 1996), 169-170.

materias aisladas, cuando en realidad es que son la consecuencia directa e inmediata del incumplimiento de una obligación.[3]

Por esa razón es que consideró que deben estudiarse conjuntamente al tratar el incumplimiento para poder entender con claridad el por qué se actualiza en un caso una institución y en otro caso otra institución diferente.

Las instituciones que analizaremos como efecto de un incumplimiento son: la ejecución forzosa, la responsabilidad civil, la cláusula penal, el caso fortuito y la fuerza mayor. Existen otras instituciones que se relacionan con un tipo determinado de obligación que se incumple pero que no se aplica a todas las demás, por lo que no las trataré en este artículo.

El incumplimiento se ha definido de varias formas, en algunos casos se señala que es una abstención o un hecho negativo, lo cual pudiera ser equivoco si nos estamos refiriendo a una obligación de no hacer que se cumple precisamente con una abstención del deudor. Puede entenderse que se trata de una falta de pago, o como lo señalan Rico, Garza y Cohen[4] "la falta de ejecución de la conducta debida" lo cual es correcto, pero pudiera ser más detallado, por lo que podemos entenderlo como la conducta del deudor contraria a la obligación que debe de cumplir, o sea que no da cuando debe de dar, no hace cuando debe de hacer, o hace cuando no debe hacer.

---

[3] Referente a las obligaciones hay una extensa bibliografía: Manuel Bejarano Sánchez, *Obligaciones civiles*, 5ª ed. (Ciudad de México: Oxford, 2006); Manuel Borja Soriano, *Teoría General de las Obligaciones*, 20ª ed. (Ciudad de México, Porrúa, 2006); Ernesto Gutiérrez y González, *Derecho de las obligaciones*, 5ª ed. (Puebla: Cajica, 1977); Jorge Mario Magallón Ibarra, *Instituciones de Derecho Civil. El sistema de las obligaciones*, t. VI, vols. I y II (Ciudad de México, Porrúa, 1997). Asimismo, sobre la definición, características y fuentes de la obligación, *cfr.* Hernán G. Bouvier, "Obligación Jurídica". En Jorge Luis Fabra Zamora y Verónica Rodríguez Blanco (Eds.), *Enciclopedia de Filosofía y Teoría del Derecho*, vol. II (Ciudad México: UNAM, Instituto de Investigaciones Jurídicas, 2015), 1123 y ss; Jorge A. Sánchez-Cordero Dávila, *Derecho Civil. Introducción al derecho mexicano* (Ciudad de México: UNAM-IIJ, 1981), 76 y ss.; Aldo Topasio Ferreti, *Derecho Romano Patrimonial* (México: UNAM, 1992), 113 y ss.; Robert Joseph Pothier, *Tratado de las obligaciones* (Ciudad de México: Tribunal Superior de Justicia del Distrito Federal, 2003); Antonio Aguilar Gutiérrez y Julio Derbez Muro, *Panorama de la legislación civil en México* (Ciudad de México: UNAM, Instituto de Derecho Comparado–Imprenta Universitaria, 1960), 77 y ss.

[4] Fausto Rico Álvarez, Patricio Garza Bandala y Mishel Cohen Chicurel, *Compendio de derecho de obligaciones* (Ciudad de México: Porrúa, 2015).

Tenemos que entender que al darse el incumplimiento primero debemos distinguir si este es imputable al deudor por su culpa[5] o dolo[6] o si no es imputable al deudor. Si es imputable al deudor, también tenemos que distinguir si aún es posible el cumplimiento de la obligación o si el cumplimiento de la obligación ya no es posible. En el primer caso se actualiza la ejecución forzada y adicionalmente una indemnización moratoria, en el segundo caso se actualiza la responsabilidad civil, que equivale a una indemnización compensatoria (para Gutiérrez y González una indemnización retributiva).[7]

En caso de que el incumplimiento no sea imputable al deudor por derivarse de un acontecimiento imprevisible e inevitable tenemos que distinguir, si lo que se produce es una excesiva onerosidad se va a actualizar la teoría de la imprevisión. Pero si lo que provocó fue una imposibilidad permanente (total o parcial) o temporal (total o parcial) de cumplir con la obligación, se aplica lo relativo a la teoría de los riesgos y el caso fortuito o fuerza mayor.

La ejecución forzada

La ejecución forzada es la presión judicial (coerción) que se ejerce a solicitud del acreedor para obtener del deudor el cumplimiento de su obligación de dar, hacer o no hacer.[8] "El deudor responde del cumplimiento de sus obligaciones con todos sus bienes con excepción de aquellos que, conforme a ley, son inalienables o no embargables" señala el artículo 2964 del código civil vigente en la Ciudad de México.

---

[5] El tema de la culpa ha sido abordado por diversos autores: Eugene Petit, *Tratado Elemental de Derecho Romano*, 19ª ed., trad. José Ferrández González (Ciudad de México, Porrúa, 2002); Rafael Rojina Villegas, *Compendio de Derecho Civil. Teoría de las obligaciones*, t. III, 21ª ed. (Ciudad de México: Porrúa, 1998), 366; De Pina, *Elementos de Derecho*, 176; Bejarano Sánchez, *Obligaciones civiles*, 180.

[6] Para ahondar en definiciones de dolo véase Petit, *Tratado Elemental*, 468; Magallón Ibarra, *Instituciones de Derecho civil*, t. VI, 2ª parte, 588; De Pina, *Elementos de Derecho*, 178.

[7] Ernesto Gutiérrez y González, *Derecho de las obligaciones*, 19ª ed. (Ciudad de México, Porrúa, 2012), 529-554.

[8] Acerca de la teoría de la ejecución forzada: Adalberto Galeano Sierra, "Teoría de la ejecución forzada", *Revista de la Facultad de Derecho* 31.119 (1981, mayo-agosto): 619-644.

Este es el principio de responsabilidad patrimonial de la deuda, como lo bautizó José Luis de la Peza, en su libro de "Las obligaciones" y es que tenemos que tener presente que la principal razón para que exista esta universalidad jurídica, que denominamos "patrimonio"[9] y que es un atributo de la personalidad, es precisamente por ser un medio para que el deudor cumpla con sus obligaciones, es púes considerado una garantía de los acreedores, a los cuales se les denomina quirografarios cuando su única garantía es el patrimonio del deudor.

Por esa razón la autoridad judicial ejerce esa coerción sobre el deudor para que este responda con su patrimonio ya sea de un modo directo o sustituido por el juez como parte formal.

Con base en las ideas de Baudry Lacantinerie, se ha entendido al patrimonio como una prenda general tácita, lo cual es incorrecto. El patrimonio como lo señalé anteriormente se ha entendido como una garantía de los acreedores, por lo tanto, no se puede entender como una prenda que es una garantía real y específica sobre bienes muebles, ya que también los bienes inmuebles pueden formar parte del patrimonio. Tampoco es general ya que de la lectura del artículo 2964 nos damos cuenta de que existen bienes que quedan excluidos como lo son los inalienables (ejemplo: uso y habitación) y los no embargables (todos los enumerados en el artículo 544 del Código de Procedimientos Civiles). No es tácita porque estas características están previstas en la ley.

La ejecución forzosa presupone la intervención de la autoridad judicial ante la imposibilidad o negativa del deudor de pagar, por lo cual el acreedor requiere de una sentencia ejecutoriada que vuelva incuestionable su derecho para que como consecuencia de esta se proceda a ejecutar al deudor.[10]

---

[9]   Ernesto Gutiérrez y González, *El patrimonio, el pecuniario y el moral o derechos de la personalidad* (Ciudad de México: Porrúa, 2004); Luis Díez-Picazo, *Fundamentos del Derecho Civil Patrimonial*, vol. II, 5ª ed. (Madrid: Civitas, 1996); Rafael Rojina Villegas, *Derecho Civil Mexicano*, t. III, vol. I, *Bienes y Derechos Reales*, 4ª ed. (Ciudad de México: Cárdenas, 1969), 12; María Serrano Fernández *et al.*, *Derecho civil patrimonial II*, 3ª ed. (Ciudad de México: Tirant Lo Blanch, 2019).

[10] Galeano Sierra, "Teoría de la ejecución forzada", 619-656.

Al respecto hay que distinguir el tipo de obligación de que se trate,[11] en el caso de las obligaciones de dar, si el objeto de esta es una cantidad de dinero, se procederá al embargo de bienes del deudor y a la venta judicial en subasta de estos para obtener el dinero en efectivo y entregarlo al deudor. En cambio, si el objeto de la obligación es un bien determinado que se encuentra en el patrimonio del deudor se procederá a la entrega judicial al acreedor. Esto quiere decir que el deudor voluntariamente en acatamiento a la sentencia la entrega o si se resistiere lo hará el actuario del juzgado.

Si se trata de un bien determinado que no se encuentra en el patrimonio del deudor, se actualiza la responsabilidad civil, a la que me referiré en el siguiente apartado.

Si se trata de obligaciones de hacer,[12] y la prestación de la obligación puede realizarse por un tercero, el acreedor puede exigir que a costa del deudor lo haga un tercero en su lugar (Artículo 2027 C.C), en cambio si la prestación solo puede realizarse por el deudor en virtud de que se le eligió por sus conocimientos personales o por sus cualidades personales, se actualizará la responsabilidad civil con una indemnización compensatoria. También se pueden imponer multas o la represión penal para obligar al deudor a cumplir.

Finalmente, tratándose de obligaciones de no hacer, hay que distinguir si el incumplimiento a la misma no impide que pueda cumplirse, caso en el cual se actualizará la ejecución forzada. Por ejemplo, si se tratara de una obligación de no edificar en un predio, en este caso el acreedor puede exigir su cumplimiento e incluso la destrucción de la obra material (Artículo 2028 C.C).

---

[11] Por lo que concierne a las obligaciones existe una vasta bibliografía, entre la que encontramos: Fausto Rico Álvarez, Patricio Garza Bandala y Mischel Cohen Chicurel, *Compendio de Derecho de obligaciones* (Ciudad de México: Porrúa, 2015); Gutiérrez y González, *Derecho de las obligaciones*, 19ª ed.; Víctor M. Castrillón y Luna, *Obligaciones civiles y mercantiles*, 3ª ed. (Ciudad de México: Porrúa, 2019).

[12] Sobre la clasificación de las obligaciones: Sánchez-Cordero *Derecho civil*, 76 y ss.; Rico, Garza y Cohen, *Compendio de Derecho*; Jorge Alfredo Domínguez Martínez, *Derecho civil. Obligaciones* (Ciudad de México, Porrúa, 2018); Raquel Sandra Contreras López y Ernesto Gutiérrez y González, *Derecho de las obligaciones* (Ciudad de México: Porrúa, 2020).

En cambio, si el incumplimiento impide que pueda cumplirse se actualizará la responsabilidad civil, como sería el caso de la obligación de no revelar cierta información técnica y confidencial al agente económico competidor.

La responsabilidad civil

La responsabilidad civil es la reparación de los daños y perjuicios que son consecuencia directa e inmediata de la falta de cumplimiento de una obligación, y que se origina cuando el objeto de la obligación incumplida ya no puede entregarse voluntaria o coercitivamente por el deudor.

En este artículo me estoy refiriendo a la responsabilidad civil contractual, en la cual ya existe una obligación previa entre un deudor y un acreedor y la misma no se cumplió y ya no puede cumplirse. También existe la responsabilidad civil extracontractual que es la que se deriva de un hecho jurídico que la origina y hasta entonces surge ese vínculo entre el acreedor y el deudor, antes no había nada entre ellos.[13]

A mayor abundamiento y siguiendo las ideas de Gierke en la responsabilidad contractual surge primero el *schuld* (lo debido) y al darse el incumplimiento surge el *haftung* (la responsabilidad) y en cambio en la responsabilidad civil extracontractual solo hay haftung, no existe previamente el *schuld*.[14]

---

[13] Sobre el tema, véase Jesús Casillas del Río, "La responsabilidad civil y sus criterios de imputabilidad". En Ángel Gilberto Adame López (Coord.), *Homenaje al doctor Bernardo Pérez Fernández del Castillo por el Colegio de Profesores de Derecho Civil Facultad de Derecho-UNAM* (Ciudad de México: Colegio de Profesores de Derecho Civil, Facultad de Derecho-UNAM, 2015), 13-26; Edgardo Muñoz y Rodolfo Vázquez Cabello, *Renacimiento del derecho de daños en México. Un análisis comparativo* (Ciudad de México, Tirant Lo Blanch, 2019); Antonio Fernández Fernández, "La problemática de la reparación del daño por responsabilidad civil en México". En Ángel Gilberto Adame López (Coord.), *Homenaje al doctor Bernardo Pérez Fernández del Castillo por el Colegio de Profesores de Derecho Civil Facultad de Derecho-UNAM* (Ciudad de México: Colegio de Profesores de Derecho Civil, Facultad de Derecho-UNAM, 2015), 131-144; Javier Tamayo Jaramillo, *De la responsabilidad civil, Teoría general de la responsabilidad. Responsabilidad contractual*, t. 1 (Santa Fe de Bogotá: Temis, 1999) 169.

[14] Al respecto, Benito Daniel Schilman, "Shuld y Haftung. Concepto, origen, alcance y consecuencias", *Lecciones y ensayos* 35 (1967): 121-133.

Los elementos de la responsabilidad, según Borja Soriano son: *1)* Daño o perjuicio causado por la inejecución de la obligación; *2)* imputable al deudor, y *3)* Mora del deudor.[15]

Para Rico, Garza y Cohen son: *1)* El incumplimiento de la obligación; *2)* Causación del daño y/o de un perjuicio; *3)* Relación causal entre el incumplimiento y el daño y/o perjuicio, y *4)* Dolo o culpa del deudor.

En realidad, ambas enunciaciones son correctas y nos damos cuenta de que en el numeral 1 de Borja Soriano están incluidos el 1, 2 y 3 de Rico, Garza y Cohen, por lo que procederé a explicarlos a continuación de la forma que para mí es más clara.

Daño y/o perjuicio que sean consecuencia directa e inmediata del incumplimiento de la obligación

El daño es el menoscabo o disminución patrimonial (Artículo 2108), esto quiere decir que existe daño cuando el patrimonio de una persona disminuye. Por ejemplo, si compro un departamento que vale un millón de pesos, pago ese millón de pesos y el vendedor no me entrega el departamento, porque no era dueño de este, es evidente que mi patrimonio disminuyo en un millón de pesos.

En cambio, el perjuicio[16] es la ganancia lícita que se deja de percibir por la falta de cumplimiento de la obligación (Artículo 2109). Si continuamos con el ejemplo a que se refiere el párrafo anterior, imaginemos que tenía ya celebrado un contrato de arrendamiento y dejo de percibir las rentas, ya que no se me pagan por no haber entregado la cosa. Esas rentas dejadas de percibir y que lícitamente podía percibirlas, serían el perjuicio.

---

[15] Manuel Borja Soriano, *Teoría general de las obligaciones*, 16ª ed. (Ciudad de México: Porrúa 1998) 456 y ss.

[16] Diversas definiciones de perjuicio pueden ser consultadas en Miguel Ángel Zamora y Valencia, *Contratos civiles*, 2ª ed. (Ciudad de México: Porrúa, 1985), 42; Ramón Sánchez Medal, *De los contratos civiles*, 8ª ed. (Ciudad de México: Porrúa, 1986), 59; Manuel Bejarano Sánchez, *Obligaciones civiles*, 3ª ed. (Ciudad de México: Harla, 1984), 106.

Pero si además me hago deudor de una pena pactada en el contrato de arrendamiento, esa pena es un menoscabo patrimonial, un daño.[17]

Ahora bien, ambos el daño y el perjuicio deben de ser consecuencia directa e inmediata de la falta del cumplimiento de la obligación ya sea que se hayan causado o que necesariamente deban causarse.

Esto es que efectivamente debe de existir una relación de causalidad próxima (directa e inmediata) entre el incumplimiento de la obligación y el daño y/o perjuicio (Artículo 2110). Existen otras teorías de la causalidad, pero no las analizaré ya que no las sigue nuestro régimen legal.

Imputable al deudor por su dolo o culpa

Quiere decir que la falta de cumplimiento de la obligación no se deba a una cuestión ajena a la voluntad del deudor, sino que precisamente se deba a la voluntad del deudor ya sea intencional o descuidada.

Este incumplimiento puede ser imputable al deudor por dolo, cuando intencionalmente se niega a cumplir, o sea actúa con malicia. Es por esto por lo que el ordenamiento civil señala que la responsabilidad procedente de ese dolo es exigible en todas las obligaciones (Artículo 2106).

También le será imputable al deudor el incumplimiento por culpa, esto es cuando actúa de manera descuidada, negligente o imprudente; y es precisamente esa forma de actuar la que impide que pueda cumplir con la obligación.

Recordemos que para que la obligación se entienda cumplida debe de serlo en su totalidad y de la manera pactada. Por lo que, si se tratara de una obligación de dar, las entregas parciales no aceptadas por el acreedor no extinguen ni disminuyen parcialmente la obligación e incluso el acreedor se puede negar a recibirlas.

Lo mismo en tratándose de una obligación de hacer, si no se hace la prestación es su totalidad se está incumpliendo la obligación de hacer, lo mismo sino se realiza de la manera adecuada, imaginemos que la obligación de hacer consiste en hacer una escultura de una persona de cuerpo

---

[17]   Sobre el daño: Elena Vicente Domingo, "El daño". En Luis Fernando Reglero Campos *et al.*, *Lecciones de responsabilidad civil* (Navarra: Arizandi, 2002), 71; Eduardo A. Zannoni, *El daño en la responsabilidad civil*, 2ª ed. (Buenos Aires: Astrea, 1993), 1.

entero, si no se realiza de esa manera y el escultor (deudor) la pretende entregar aun faltándole un veinte por ciento estaría incumpliendo, o cuando la hace con un material que no es el adecuado.

Sucede lo mismo en el caso de la obligación de no hacer. Por ejemplo, si consiste en no revelar información, si el deudor revelo solo el uno por ciento ya incumplió.

Nuestro ordenamiento civil, al referirse a la culpa o negligencia, lo hace solo refiriéndose a la obligación de dar y de manera incompleta refiriéndose a la conservación de la cosa para su entrega, señalando que consiste en actos contrarios a la conservación de la cosa o cuando se dejan de ejecutar los que son necesarios para ella (Artículo 2025).

Para determinar si hubo culpa del deudor, tomando como base las ideas que vienen desde Roma, hay que atender a las características del deudor para calificar si fue diligente y cuidadoso. Igualmente hay que determinar quién es el que recibió el beneficio del contrato, de tal suerte que la culpa puede ser grave, cuando la responsabilidad se le puede exigir a cualquier persona y se responderá de la misma cuando derivado de la relación jurídica el deudor es el favorecido.

La culpa es leve cuando es exigible a personas diligentes y cuidadosas, donde se exige el cuidado mínimo que tendrían en sus negocios propios y esa es la responsabilidad que es exigible en un contrato bilateral.

Por último, es levísima cuando solo puede ser exigible a personas especializadas.

En base a las características personales del deudor es que se puede exigir la responsabilidad o no. Por ejemplo: si el deudor tiene bajo su cuidado un coche que me debe entregar en un mes y este requiere de un cuidado especializado para evitar una falla mecánica, no sería lo mismo que el deudor fuera ingeniero mecánico automotriz a que no lo fuera ya que el ingeniero por sus conocimientos especiales debe conocer esa circunstancia.

Mora[18]

Consiste en el retardo en el cumplimiento de la obligación, y en base a ese retardo pueden surgir dos tipos de indemnizaciones, una compensatoria y otra moratoria. La indemnización compensatoria es precisamente la responsabilidad civil y se da cuando la prestación o abstención incumplida ya no puede cumplirse. En cambio, la indemnización moratoria se presenta cuando la prestación y abstención si puede cumplirse y se exige de manera forzosa y adicionalmente como sanción se tiene que pagar esta indemnización moratoria.

De la Peza, señala que la mora del deudor tiene como elementos: *1)* Una obligación válida y exigible; *2)* Un requerimiento de pago, y *3)* Una negación a cumplir, y que tenga como consecuencia que se actualice: *1)* Una persecución judicial encaminada a obtener la responsabilidad civil (indemnización compensatoria), o *2)* La ejecución forzada junto con una indemnización moratoria, asimismo la traslación de los riesgos al deudor por caso fortuito o fuerza mayor.

También el citado autor señala que puede darse la mora en el acreedor la cual tiene los siguientes requisitos: *1)* Una obligación valida y exigible; *2)* Un ofrecimiento de pago por parte del deudor, *3)* Una negación de recibir por parte del acreedor. Como efectos se dan: *1)* La consignación del pago; *2)* La traslación de los riesgos al acreedor, y *3)* La asunción de gastos por el acreedor.

Ahora bien, ¿cuáles son las consecuencias que se derivan de este incumplimiento?, podemos señalar que la primera es la devolución de la cosa o su precio, o la de entrambos (Artículo 2107). Hay que entender que si el contrato fue unilateral solo una de las partes tendrá que devolver la cosa, si fue bilateral ambas partes tendrán que devolverse lo que recíprocamente se entregaron.

---

[18] Relativo al concepto de mora: Guillermo Floris Margadant S., *El Derecho privado romano*, 3ª ed. (Ciudad de México: Porrúa, 1968), 358 y 359; Marcel Planiol y Georges Ripert, *Derecho Civil* (Ciudad de México: Distribuidor Episa, 1996), 616; Magallón Ibarra, *Instituciones de Derecho Civil*, t. VI, 2a parte, 588-589; Ernesto Gutiérrez y González, *Derecho de las obligaciones*, 5ª ed., 466; Rafael Rojina Villegas, *Compendio de Derecho Civil*, t. III, 4ª ed. (Ciudad de México: Porrúa, 1970), 350.

Al respecto, quisiera hacer la siguiente distinción, en tratándose de un contrato bilateral, en términos del artículo 1949 de nuestro código civil la parte que no ha incumplido ya sea porque su obligación aun no es exigible o porque ya cumplió tiene dos opciones, una de ellas es la ejecución forzada y la indemnización de los daños y perjuicios (indemnización moratoria) o la rescisión del contrato más el pago de los daños y perjuicios (indemnización compensatoria).

Por lo anterior cuando procede la ejecución forzosa, el actor no tiene que devolver lo que él recibió, en cambio cuando procede la responsabilidad civil ambas partes deben devolverse lo recibido por la otra, con independencia de que solo una de ellas haya incumplido, siendo la sanción precisamente la indemnización de los daños y perjuicios.

La segunda consecuencia es precisamente la reparación de los daños e indemnización de los perjuicios. En términos del artículo 1915 del código civil, el daño se repara mediante el restablecimiento de la situación anterior y si ello no es posible, tendrá que ser en dinero recibiendo el acreedor el valor legítimo de la cosa al tiempo de ser devuelta al acreedor (Artículos 2112 y 2114).

Si el deterioro de la cosa es menos grave, lo que se entregará al acreedor es el importe del deterioro y sus gastos de reparación (Artículos 2113 y 2115).

En cambio, el perjuicio siempre será una indemnización en dinero. Es importante señalar que el acreedor deberá de probar judicialmente que ambos, o sea los daños y los perjuicios se han causado o necesariamente deben causarse (Artículo 2110).[19]

Lo anterior es una de las desventajas de la responsabilidad civil, ya que el acreedor además de probar el incumplimiento del deudor por su dolo o culpa tendrá que probar que efectivamente por esa conducta se le causó un daño y un perjuicio. Por lo anterior es que, en la práctica, las partes de un contrato optan por regular la responsabilidad civil (Artículo 2117) mediante el establecimiento de penas convencionales.[20]

---

[19] Sobre el tema véase a Aristides Gutiérrez Garza, "Comentario al artículo 2110". En Juan Luis González Alcántara (Coord.), *Código Civil Federal comentado* (Ciudad de México: UNAM-IIJ, 2016), 176.

[20] "Comentario al artículo 2117", Gutiérrez Garza, *Código Civil Federal*, 180.

Pena convencional

La pena convencional es una cláusula accidental, que se establece en un contrato para regular la responsabilidad civil y con esa pena sustituir a la indemnización compensatoria, o también para establecer como pena una indemnización moratoria.

De conformidad con lo dispuesto en los artículos 1840[21] y 1846[22] de nuestro ordenamiento civil, se puede establecer la pena convencional en los siguientes casos:

1. Cuando la obligación no se cumpla.
2. Cuando la obligación no se cumpla de la manera convenida.
3. Por el retardo en el cumplimiento de la obligación.

En los primeros dos casos la pena consiste en la regulación de la responsabilidad civil, y se establece en el artículo 1843 del código civil que no puede exceder ni en valor ni en cuantía a la obligación principal.[23]

Lo anterior, hace que en la práctica no se recurra a la pena convencional para establecer una indemnización compensatoria, sino establecerla como una indemnización moratoria y exigir, además, la ejecución forzada para reclamar el adeudo principal. Esto se debe a que, si se estableció la pena para el caso de que la obligación no se cumpla, el acreedor solo puede exigir el cumplimiento de la obligación o el pago de la pena, pero no ambos (Artículo 1846).

En cambio, en los dos casos a que se refieren los numerales 2 y 3, o sea si la obligación no se cumple de la manera convenida o hay retardo en su cumplimiento, sí puede exigir tanto la obligación como la pena.

La ventaja de establecer una pena convencional es que el acreedor no tiene que probar que sufrió daños y/o perjuicios, solo debe de probar el

---

[21] José Antonio Álvarez Hernández, "Comentario al artículo 1840". En Juan Luis González Alcántara (Coord.), *Código Civil Federal comentado* (Ciudad de México: UNAM-IIJ, 2016), p. 42.

[22] "Comentario al artículo 1846", Álvarez Hernández, *Código Civil Federal*, 46.

[23] "Comentario al artículo 1840", Álvarez Hernández, *Código Civil Federal*, 45.

incumplimiento (Artículo 1842). Asimismo, el deudor no puede eximirse de pagar la pena alegando que el acreedor no sufrió perjuicio alguno.[24]

Si la obligación se cumplió parcialmente el artículo 1844[25] del código civil señala que debe de pagarse la pena parcialmente. Al respecto creo que es conveniente distinguir para qué supuestos se estableció la pena, ya que si en términos del artículo 1840 del citado ordenamiento se estableció para el caso de que la obligación no se cumpla de la manera convenida, considero que si puede exigirse el pago en su totalidad. También es discutible si lo dispuesto en el citado artículo 1844 es una norma de orden de público y por tanto irrenunciable, o si por el contrario es dispositiva y como cláusula natural podemos pactar en contra de ella y establecer que, aunque la obligación se cumpla en parte, la podemos exigir en su totalidad. Soy de esta última opinión, ya que no consideró que la norma antes citada sea de interés público, ni tampoco que sea prohibitiva.

Finalmente recordar que si hay varios obligados solidarios y se incumple la obligación, responden de la pena tanto los culpables del incumplimiento como los que no lo sean. En cambio, si la obligación es indivisible solo responden los culpables del mismo (Arts. 1848,1849, 1850,1997 y 2010 fracción II).[26]

Caso fortuito y fuerza mayor

Por caso fortuito[27] podemos entender todo evento de la naturaleza o hecho del hombre no imputable al deudor, imprevisible e inevitable que tiene por efecto hacer imposible de manera total o parcial, temporal o permanente el cumplimiento de una obligación.

---

[24] "Comentario al artículo 1842", Álvarez Hernández, *Código Civil Federal*, 44.

[25] "Comentario al artículo 1844", Álvarez Hernández, *Código Civil Federal*, 45.

[26] Juan Luis González Alcántara (Coord.), *Código Civil Federal comentado* (Ciudad de México, UNAM-IIJ, 2016), 47-48, 120 y 126.

[27] Para Rafael de Pina es considerado caso fortuito todo aquel accidente no imputable al deudor que impide el exacto cumplimiento de la obligación. Rafael De Pina, *Elementos de Derecho Civil Mexicano*, t. III y IV, 2ª ed. (Ciudad de México: Porrúa, 1996), p. 179.

En cuanto a la terminología se discute en doctrina si caso fortuito o fuerza mayor[28] son lo mismo o son conceptos distintos. Para algunos autores como Demogue, Rojina Villegas[29] y Martínez Alfaro, entre otros, el caso fortuito proviene de la naturaleza como sería el caso de un terremoto, una inundación, una granizada etcétera; y la fuerza mayor proviene del hombre como sería el caso de una huelga de trabajadores, la guerra o una manifestación de ciudadanos inconformes.

Para otros autores entre ellos De la Peza y Galindo Garfias, el caso fortuito es un suceso inesperado, como por ejemplo cuando cae un rayo o un temblor; y la fuerza mayor es un suceso insuperable como lo que sucedió con la pandemia del COVID 19[30] que sabíamos que el virus iba a llegar, pero no podíamos evitarlo.

Considero que en nuestro ordenamiento civil ambos conceptos son tratados como sinónimos, por eso es por lo que, en el concepto propuesto al inicio de este apartado no hago ninguna distinción entre ellos.

Características

1. Es imprevisible, esto significa que no podemos conocerlo con anticipación para tomar las medidas convenientes o necesarias para evitar que se dé el incumplimiento.

---

[28] Sobre caso fortuito y fuerza mayor véase Planiol y Ripert, *Derecho Civil*, 633.

[29] Así, Rojina Villegas señala que "Por caso fortuito entendemos el acontecimiento natural inevitable, previsible o no, que impide en forma absoluta el cumplimiento de la obligación, es decir, que se trata de una imposibilidad física insuperable; por fuerza mayor entendemos el hecho del hombre, previsible o imprevisible, pero inevitable, que impide también en forma absoluta el cumplimiento de la obligación". Rojina Villegas, *Compendio de Derecho Civil. Teoría de las obligaciones*, 366.

[30] El SARS-COV2 apareció en China en diciembre de 2019 y provoca una enfermedad llamada COVID-19 (Coronavirus Disease from SARS-CoV2), que se extendió por el mundo y fue declarada pandemia global por la Organización Mundial de la Salud (OMS). Se han generado diversos sitios en donde se puede consultar sobre los documentos jurídicos y sitios especializados para darle seguimiento al tema, tal es el caso de la Plataforma de información geográfica de la UNAM sobre COVID-19 en México, disponible en https://covid19.ciga.unam.mx/, Comisión Universitaria para la atención de la emergencia coronavirus disponible en https://covid19comisionunam. unamglobal.com/ y Ecosistema Nacional Informativo COVID-19 (ENI/COVID-19) disponible en https://coronavirus.conacyt.mx/

2. Es inevitable, esto quiere decir que irremediablemente va a suceder y no podemos impedir que suceda.

3. Es general, lo que implica que afecta de la misma manera a todas las personas que se encuentran en idéntica o similar situación.

4. Genera una imposibilidad absoluta, total o parcial de cumplimiento de la obligación, no la hace más onerosa, sino que efectivamente es un obstáculo irremediable para que la obligación se cumpla. En caso de que lo que provocara fuera una excesiva onerosidad se aplicaría la teoría de la imprevisión y su efecto de equilibrar las prestaciones.

Existen determinados supuestos o situaciones en las cuales una de las partes debe de responder del incumplimiento, aunque este se derive de un caso fortuito o de fuerza mayor (Artículo 2111 CC):

1. Cuando el obligado haya dado causa o contribuido a él.
2. Cuando el obligado ha aceptado expresamente esa responsabilidad.
3. Cuando la ley le impone esa responsabilidad como en el caso de los artículos 1900 y 2504 del Código Civil.

Teoría de los Riesgos

Considero conveniente el explicar brevemente cuales son las consecuencias jurídicas que se dan en los contratos bilaterales, cuando una de las partes no puede cumplir por caso fortuito o fuerza mayor. A esta regulación es a la que se le denomina doctrinalmente teoría de los riesgos[31] y lo que se trata de determinar es si la otra parte debe o no cumplir con su obligación.

---

[31] Rojina Villegas define a la responsabilidad objetiva o teoría del riesgo creado como aquella resultante "por virtud de la cual, aquél que hace uso de cosas peligrosas".

Para entender el régimen aplicable tenemos que distinguir entre el tipo de obligación de que se trate, o sea si se trata de una obligación de dar, hacer o no hacer.

Trataré primeramente lo relativo a la obligación de dar, la cual según el artículo 2011 consiste en:

1. La traslación del dominio de cosa cierta.
2. En la entrega del uso y/o goce de cosa cierta.
3. Restitución de cosa ajena.
4. Pago de cosa debida.

Ahora bien, podemos sintetizar que esta obligación de dar consiste en transmitir el derecho real propiedad sobre una cosa (si se puede transmitir la propiedad puede transmitirse cualquier otro derecho real ya que todos derivan de la propiedad) y también en la entrega de la cosa.

La transmisión de la propiedad de una cosa cierta y determinada por regla general se da por mero efecto del contrato (Artículo 2014 CC) y la entrega puede darse antes, simultáneamente o después. Es justamente cuando la entrega se da después que surge la necesidad de determinar cuál será la consecuencia en caso de que la cosa se pierda por caso fortuito o por fuerza mayor.

Supongamos que A le vende a B un automóvil perfectamente determinado, han acordado de manera clara lo relativo a la cosa y a su precio y por lo tanto existe y es válido un contrato de compraventa sobre un bien mueble. EL supuesto sería que antes de que A entregue el automóvil este se destruye porque como consecuencia de un temblor, cae sobre el mismo una parte de un inmueble contiguo. El cuestionamiento es si B tiene que pagar o no el precio.

Al respecto el artículo 2017 fracción V de nuestro ordenamiento civil establece que la obligación queda sin efecto, en este caso la obligación es la de entregar la cosa y el dueño sufre la pérdida. En términos del artículo 2014 el comprador es el dueño, es decir B sufre la perdida y tiene que pagar el precio. Esta es la primera regla que viene desde el derecho romano RES PERIT DOMINI (la cosa perece para el dueño).[32]

Si la cosa no se hubiere determinado, imaginemos que el automóvil se hubiera descrito solo de manera genérica e indeterminada, en ese supuesto no se hubiera dado la transmisión de propiedad y por lo tanto la pérdida la sufriría el vendedor quien, en tanto no cumpla con sus obligaciones de transmitir la propiedad y de entregar un automóvil no puede exigir su precio. En estos casos se aplica la segunda regla: los géneros no perecen (Artículos 2015 y 2022 C.C).

Si en la pérdida hubo culpa del deudor de conformidad con el artículo 2025 del código civil, técnicamente no estaríamos en el supuesto del caso fortuito y de la fuerza mayor, sino que se entendería imputable al deudor y se aplicaría la responsabilidad civil, y el deudor responderá del valor de la cosa más el pago de los daños y perjuicios (Artículo 2017 fracción I). Se puede considerar como una tercera regla de la teoría de los riesgos: la cosa perece para el deudor si se pierde por su culpa. En mi opinión no es una regla de la teoría de los riesgos, sino que nos encontramos en un supuesto de responsabilidad civil.

En las enajenaciones en las que exista reserva de la posesión, uso o goce de la cosa hasta cierto tiempo, de conformidad con el artículo 2023 de nuestro ordenamiento civil se observarán las siguientes reglas:

1. Si existió un convenio y se reguló lo relativo a los riesgos de la cosa, se estará a lo que se estipuló.

2. Si hubo culpa de algún contratante, este tendrá a su cargo la responsabilidad civil.

3. A falta de culpa o de una cláusula en el convenio respecto a los riesgos, cada una de las partes sufrirá la pérdida de manera proporcional, ya sea que la cosa hubiere perecido total o par-

---

[32] Antonio Muñozcano Eternod, "Comentario al artículo 2014". En Juan Luis González Alcántara (Coord.), *Código Civil Federal comentado* (Ciudad de México: UNAM-IIJ, 2016), 127.

cialmente. En este último caso si las partes no convinieran en cuanto a la pérdida, se nombrarán peritos que la determinen.

En el caso de que lo que se esté transmitiendo sea algún derecho real,[33] distinto de la propiedad, o algún derecho personal[34] del cual se deriven ciertas facultades sobre la cosa al acreedor como pueden ser el uso y/o goce de la misma (de conformidad con el supuesto de la fracción segunda del artículo 2011 del Código Civil), se aplicaría lo dispuesto en el artículo 2024 del multicitado ordenamiento que señala que la pérdida es del acreedor.

Ahora bien, esta regla que se establece en la teoría general de las obligaciones se deroga en materia de arrendamiento de conformidad con el artículo 2433 del código civil que señala que si se le impide al arrendatario el uso y goce de la cosa por más de dos meses quedará liberado del pago de la renta.

Las disposiciones relacionadas con el arrendamiento en nuestra ciudad tienden a la protección de los arrendatarios, y por eso es que en esta materia se invierte la regla sufriendo el riesgo el deudor que es el arrendador y no el acreedor que es el arrendatario.

Por lo que se refiere a las obligaciones de hacer y de no hacer no existe una regulación del tema, pero existe la posibilidad de que una de las partes que debe cumplir con una prestación de hacer o con una abstención se vea impedida a cumplir su obligación por un caso fortuito o por fuerza mayor.

En estos casos la controversia es si la contraparte debe o no pagar lo que a él le corresponde. Un ejemplo puede ayudarme a exponer de mejor manera el problema, supongamos que A y B se van a casar y para la fiesta de la boda contratan al famoso cantante LM, resulta que el día de la boda

---

[33] Sobre los derechos reales: Mónica Campos Lozada, *Bienes y derechos reales* (Ciudad de México: Iure editores, 2012); María Leoba Castañeda Rivas y María del Carmen Montoya Pérez, *Bienes y Derechos Reales* (Ciudad de México, Porrúa, 2017); Julián Güitrón Fuentevilla, *Tratado de Derecho Civil, La teoría jurídica de los bienes y la del patrimonio en general* (Ciudad de México: Porrúa, 2015); Rafael Rojina Villegas, *Derecho Civil Mexicano III: Bienes, derechos reales y posesión,* 16ª ed. (Ciudad de México: Porrúa, 2018).

[34] Ernesto Gutiérrez y González, *El patrimonio. El pecuniario y el moral o derechos de la personalidad y derecho sucesorio,* 6ª ed. (Ciudad de México: Porrúa, 1999).

LM no puede llegar porque unos manifestantes cerraron el aeropuerto de la entidad de su residencia y obviamente a A y B no les interesa que LM les cante en fecha distinta. La interrogante es si A y B le tienen que pagar o no, De la Peza siguiendo la misma lógica de las obligaciones de dar considera que sí se le debe de pagar ya que la única obligación que se extinguió por el caso fortuito fue la de LM. Otros entre los que me incluyo consideramos que por los principios de buena fe[35] y de reciprocidad también la obligación de A y B debe de considerarse extinguida.

El caso fortuito y la fuerza mayor pueden generar una imposibilidad de cumplimiento total y permanente, caso en el cual el obligado queda liberado de su obligación aplicándose la teoría de los riesgos antes expuesta.

Si la imposibilidad es parcial y permanente el obligado debe de cumplir en parte con la obligación quedando liberado de cumplir con la otra parte, en base a lo antes expuesto.

En caso de que la imposibilidad sea total pero temporal, el obligado podrá cumplir sin ninguna responsabilidad adicional (indemnización moratoria) con la obligación una vez que el impedimento desaparezca.

Si la imposibilidad es parcial y temporal, debe cumplir cuando sea exigible con la parte de la obligación que puede cumplirse y una vez que la otra parte sea posible deberá de cumplirla sin ninguna responsabilidad.

---

[35] Sobre el principio de buena fe: José Barroso Figueroa, "El principio de la buena fe en el Derecho Civil", *Revista de la Facultad de Derecho* 119 (1981, mayo-agosto): 393-432; Sara Bialostosky de Chazán, "La buena fe en los contratos", *Revista de la Facultad de Derecho* 79-80 (1970, julio-diciembre): 1102-1116.

~

IUSPOSITIVISMO Y IUSNATURALISMO. EL DERECHO COMO APLICACIÓN PRÁCTICA DE LA FILOSOFÍA

Fausto Rico Álvarez[1]
Universidad Panamericana

Introducción

> *El jurista, frente a un pedazo de vida social, tiene que indagar la norma aplicable a esa situación, es decir, tiene que hallar cuál es la regla de Derecho vigente relativa al caso planteado. Una vez hallada la norma aplicable, debe el jurista entenderla cabalmente, interpretar lo que dice y las consecuencias implícitas que ella contiene.*[2]

---

[1] Egresado de la Escuela Libre de Derecho, de la que fue Rector de 1990 a 1993. Profesor Emérito por la Junta General de dicha institución académica. Titular de la Notaría 6 de la Ciudad de México durante 50 años. Reconocido con el Mérito Académico del Colegio de Notarios de la Ciudad de México. Actualmente catedrático en la Facultad de Derecho de la Universidad Panamericana, de las asignaturas de "Introducción al Derecho Civil y Personas" y "Contratos".

[2] Luis Recaséns Siches, *Filosofía del derecho*, 18ª ed. (Ciudad de México: Porrúa, 2006), 1.

El Derecho al ser una rama del conocimiento dinámica y que se encuentra en constante evolución para tratar de alcanzar a la realidad que pretende regular, ha propiciado que los sistemas jurídicos hayan transitado por diversos modelos que establecen principios y reglas, precisamente, para poder determinar qué norma debe ser aplicada a cada caso concreto; y no solo eso, sino que los doctrinarios han postulado teorías que han pretendido explicar cuál es el fin de la ciencia jurídica, cuáles son los valores que deben informarla, qué normas son propiamente jurídicas, cuál debe ser la relación jerárquica entre unas y otras, o incluso, si la máxima aspiración de un ordenamiento jurídico es la legalidad o la justicia.

En la literatura jurídica se encuentran autores que afirman que el principio *dura lex sed lex* (*la ley aunque dura, es ley*) es el principal –y probablemente el único– punto de partida para que el jurista desempeñe su labor, en contraposición a otros autores que establecen que no basta con estar al sentido literal de la ley, sino que debe buscarse la *ratio legis* para en primer lugar determinar si es o no aplicable la norma jurídica al caso concreto, y, en segundo lugar, si con dicha interpretación se alcanzan los ideales propios del Derecho.

A la primera doctrina se le conoce como *Iuspositivismo*, que en términos generales establece que: "El derecho positivo es ese conjunto de normas emanadas y promulgadas por los órganos facultados para ello, que regulan las relaciones de las personas en una comunidad. Fuera de este derecho, no hay más derecho".[3] Por lo tanto, *solo la ley y su interpretación son Derecho*. Dicho en términos sencillos, para esta corriente de pensamiento *la ley debe aplicarse a cada caso concreto sin excepción alguna*.

La segunda doctrina es conocida como Iusnaturalismo que se caracteriza por afirmar que "el derecho vale y, consecuentemente, obliga, no porque lo haya creado un legislador humano o tenga su origen en cualquiera de las fuentes formales, sino por la bondad o justicia intrínsecos de su contenido".[4]

---

[3] Rubén Magaña Luna, "Entre iusnaturalismo y positivismo: John Finnis" (Tesis de doctorado, Madrid, Universidad Complutense de Madrid, 2015), 87.
[4] Eduardo García Máynez, *Positivismo, realismo sociológico y iusnaturalismo*, 3ª ed. (Ciudad de México: Editorial Biblioteca de Ética, 1999), 130.

A diferencia del Iuspositivismo, el Iusnaturalismo enfatiza que la obligatoriedad del Derecho no deviene de la norma escrita *per se*, sino que la observancia de dicha norma escrita se justifica siempre que esta atienda a los postulados de la *ley natural*, entendiendo por tal:

> [...] el conjunto de preceptos de la razón natural que regulan el obrar humano en orden a los fines del hombre... podemos describir la ley natural como el conjunto de leyes racionales que expresan el orden de las tendencias o inclinaciones naturales a los fines propios del ser humano, aquel orden que es propio del hombre como persona.[5]

Las anteriores doctrinas se han contrapuesto a lo largo de la evolución de la ciencia jurídica y cada una de ellas tuvo su época de auge e influencia sobre los diversos ordenamientos jurídicos, y hasta la fecha sus postulados siguen vigentes en muchos textos normativos y resoluciones judiciales. La anterior afirmación lleva necesariamente a plantearse las siguientes interrogantes: ¿Qué doctrina es la que sigue el sistema jurídico mexicano? ¿Pertenece a la doctrina positivista y por lo tanto sólo es Derecho lo que dispongan los códigos y leyes vigentes? O, por el contrario, ¿el texto constitucional obliga a interpretar la norma con base en valores y principios que trascienden el proceso legislativo? ¿Cómo sabe el jurista mexicano qué norma debe aplicar al caso concreto?

Las presentes líneas pretenden ser una aproximación para dar respuesta a los cuestionamientos anteriores, para lo cual se ha estructurado este estudio de la siguiente manera: en el apartado siguiente se analiza cuál es la relevancia de la Filosofía para el Derecho. En el tercer apartado se analizan algunos postulados de la filosofía clásica, en especial aquéllos que se refieren a la Teoría del Conocimiento de Sócrates, Platón y Aristóteles. En el cuarto apartado se analizan algunas ideas de la filosofía medieval, con especial énfasis en las ideas de Santo Tomás, que retoma varios de los postulados de Aristóteles, y especialmente los conceptos de *justicia* y *ley natural*. En los apartados quinto y sexto se estudian las

---

5 Javier Hervada, *Introducción crítica al derecho natural*, 3ª ed. (Pamplona: Eunsa, 1996), 144.

ideas de Kant y el surgimiento de la corriente positivista en las ciencias, haciendo hincapié en su influencia en el Derecho.

En el séptimo apartado se analizarán las ideas de Hans Kelsen y su *Teoría Pura del Derecho*, ya que, ha sido considerado como el padre del Iuspositivismo y sus ideas tuvieron gran influencia en los ordenamientos jurídicos de tradición romano-germánica del siglo XIX.

Finalmente se estudiará la conformación del sistema jurídico mexicano a partir de lo previsto por el cuarto párrafo del artículo 14 constitucional y el *Código Civil para la Ciudad de México* para poder determinar si el ordenamiento jurídico nacional pertenece a la doctrina iuspositivista o iusnaturalista, expresando en tal sentido nuestra opinión.

La importancia de la Filosofía en el Derecho

Fundamentalmente existen dos razones por las cuales la Filosofía resulta relevante para el estudio del Derecho.

La primera de ellas es que:

> [...] al igual que otras ramas del conocimiento humano, el Derecho formó parte de la Filosofía. Algunos conceptos jurídicos fundamentales tales como son el concepto de persona, de voluntad y de libertad difícilmente podrían comprenderse sin atender a las disertaciones filosóficas.[6]

En virtud de lo anterior es que "necesitamos la historia de las ideas para comprender el fundamento de nuestros conceptos",[7] y esta es la segunda razón por la cual la Filosofía tiene trascendencia en el saber jurídico.

En conclusión, la Filosofía tiene relevancia para la ciencia jurídica porque formó parte de ella como rama del saber humano y consecuentemente adoptó diversos conceptos y estructuras ideológicas propias del pensamiento filosófico adecuándolos a los postulados propiamente jurí-

---

[6] Fausto Rico Álvarez, Patricio Garza Bandala y Mischel Cohen Chicurel, *Introducción al Estudio del Derecho Civil y Personas* (Ciudad de México, Porrúa, 2009), 2.

[7] Johannes Hirschberger, *Historia de la filosofía. Antigüedad, edad media, renacimiento*, vol. I, trad. Luis Martínez Gómez (Barcelona: Herder, 2011), 35.

dicos. Por lo tanto, puede afirmarse que el Derecho es Filosofía práctica o aplicada.

Si bien se ha afirmado que el Derecho encuentra sus orígenes en el saber filosófico, también debe precisarse que existen doctrinas y escuelas que impactaron con mayor trascendencia en la ciencia jurídica, como lo es la filosofía clásica desarrollada en el Distrito de Ática, ciudad de Atenas, en los siglos IV y V a. C., principalmente las doctrinas de Sócrates, Platón y Aristóteles, las cuales se analizan en el siguiente apartado.

La filosofía griega

Al escuchar o leer el término "filosofía griega" pudiese pensarse que se trata de una corriente única y sistematizada de pensamiento, pero como establece Hirschberger,[8] esta época del conocimiento humano puede dividirse en cuatro periodos con las siguientes características:

- *Filosofía presocrática.* Tiene su desarrollo en las colonias griegas, en Jonia, en el sur de Italia y en Sicilia. El principal interés gira en torno a la filosofía de la naturaleza. Solo al final, en la fase de la sofística, se convierte también en problema el mismo hombre.

- *Filosofía ática.* Sócrates, Platón y Aristóteles son las principales figuras y en ellos alcanza la filosofía griega su apogeo clásico. A todos los problemas de la filosofía (naturaleza, moralidad, Estado, espíritu y alma) se presta la misma atención.

- *Filosofía del helenismo.* Se caracteriza por el auge de las grandes escuelas de filósofos, la Academia, el Peripato, la Estoa y Epicuro.

- *Filosofía del Imperio.* Comprende desde la mitad del siglo I a. C. hasta el 529 después de Cristo, año en que el emperador Justiniano cerró la academia de Atenas y prohibió que en adelante se filosofara en Atenas.

---

[8] Hirschberger, *Historia de la filosofía*, 42.

Para los efectos de este análisis se estudiará exclusivamente el periodo de la filosofía ática, específicamente la *Teoría del conocimiento* desarrollada por Sócrates, Platón y Aristóteles.

Teoría del conocimiento

El conocimiento puede ser entendido "como la captación intelectual de un objeto con el fin de comprender su esencia, sus atributos y propiedades y sus relaciones con otros objetos". A través del:

> [...] conocimiento pretendemos captar la esencia de las cosas, es decir, el conjunto de notas esenciales que lo distinguen de los demás objetos; o de aquello por lo cual afirmamos que una cosa es lo que es y no otra cosa distinta.[9]

La forma y los procesos intelectuales que el ser humano desarrolla para lograr conocer la esencia de los entes ha sido explicada de distintas maneras por los filósofos clásicos, de lo que se puede afirmar que hay fundamentalmente dos doctrinas. La primera de ellas establece que el conocimiento procede de la experiencia sensorial/empírica y a partir de esta se construyen *conceptos universales* o *principios* (doctrina de Sócrates y Aristóteles); mientras que la segunda concibe que el ser humano posee *a priori* el conocimiento de las ideas (como lo advierte Platón en su obra). En este sentido, en la primera teoría, el conocimiento va de lo particular a lo universal; mientras que, en la segunda, va de lo universal a lo particular, como se explicará más adelante.

---

[9] *Cfr.* Enrique Giraldo Zuluaga, "Teoría del conocimiento", *Revista de la Facultad de Derecho y Ciencias Políticas* 92 (1993, enero-junio), disponible en https://revistas.upb. edu.co/index.php/derecho/article/view/4511 (fecha de acceso: 16 de marzo de 2021).

La doctrina de Sócrates y el mito de la caverna de Platón

Sócrates nació en Atenas hacia el año 470 a. C. Su padre era escultor, su madre comadrona.[10] Sócrates no dejó nada escrito, su filosofía se conoce principalmente por las referencias que de ella hizo Platón.[11]

Aristóteles ha delineado la posición de Sócrates en el problema del saber con la siguiente afirmación:

> Dos cosas hay que atribuir con justicia a Sócrates, por un lado, su empeño en destacar el concepto universal, y por otro el haber pensado la realidad en función de tales conceptos universales.[12]

Su teoría de la formación de los conceptos universales, tal como nos la ha transmitido Aristóteles en los *Tópicos*, podría resumirse de la siguiente forma:

> [...] en nuestro conocimiento partimos de los casos concretos de la experiencia, consideramos estos casos en su peculiaridad, nos encontramos con aspectos iguales uniformemente repetidos, y destacamos las notas iguales que hay en ellos. Así obtenemos el concepto universal.[13]

En sus diálogos Platón describe este proceder socrático varias veces:

> Sócrates pregunta, por ejemplo, sobre la virtud (*areté*). Le responde el interlocutor que la *areté* la tenemos ante los ojos, cuando por ejemplo un gobernante efectivamente sabe mandar, cuando uno es realmente juicioso, prudente, etcétera. La réplica de Sócrates es siempre la misma. Esos no son más que ejemplos de *areté*, actos o casos de virtud particulares, no la virtud en sí misma considerada. Pero si miráis con atención cada caso particular, descubriréis que todos esos casos encierran en sí, como fondo, algo igual (lo que Sócrates denomina *eidos*), y es precisa-

---

[10] Derivado de la ocupación de su madre es que a Sócrates se le conoció como "partera de ideas".

[11] *Cfr.* Hirschberger, *Historia de la filosofía*, 91-92.

[12] *Cfr.* Hirschberger, *Historia de la filosofía*, 93-94.

[13] *Cfr.* Hirschberger, *Historia de la filosofía*, 94.

mente a partir del eidos que puede determinarse (*definire*) lo particular con la ayuda de lo universal.[14]

A diferencia de Sócrates, Platón (427 a. C.) elaboró su teoría del conocimiento con base en la *teoría de las ideas*, estableciendo que el conocimiento de la verdad era apriorístico, es decir, no dependía de la experiencia sensorial, sino que su fuente se hallaba en el alma (*espíritu*).[15] Platón descarta como fuente de la verdad la percepción sensible, ya que esta es insegura por dos razones:

> [...] la primera es que cada sensación está limitada a un órgano particular y por lo tanto, no permite un conocimiento completo del ser; y la segunda, es que las mismas cosas aparecen a otros hombres de modo distinto de como nosotros las percibimos.[16]

> La fuente de la verdad para Platón se encuentra en el *espíritu* (pensamiento puro). El saber, por ejemplo, de lo igual a sí mismo, de lo grande, de lo pequeño, de lo bueno, de lo justo, de lo santo, del hombre, en general de cualquier 'esencia en sí', son conceptos, pensamientos, *ideas innatas* o aprióricas que el hombre ha contemplado en la preexistencia del alma y que por la experiencia sensorial se ha acordado de ellas. A este recordar Platón lo denomina *reminiscencia*.[17]

Para Platón:

> [...] *todo lo que es en sí*, todo concepto tipo, lo bello en sí, lo bueno, lo recto, lo piadoso en sí, y en general cualquier esencia, es propiedad del espíritu aprióricamente, que jamás podría adquirirla por la experiencia, sino solo traerla de nuevo a la conciencia mediante el recuerdo. De tal suerte, para que sea posible la percepción sensible, y con ella la expe-

---

14   *Cfr.* Hirschberger, *Historia de la filosofía*, 94.
15   *Cfr.* Hirschberger, *Historia de la filosofía*, 102 y 120.
16   *Cfr.* Hirschberger, *Historia de la filosofía*, 119-120.
17   *Cfr.* Hirschberger, *Historia de la filosofía*.

riencia, debe darse ya de antemano la idea. Solo mediante ella puede leerse el mundo del sentido.[18]

En este orden de ideas, Platón establece que el saber o conocimiento humano, tiene su fuente en el espíritu, el cual posee por su propia naturaleza, las ideas innatas (aprioristicas) de todo cuanto percibimos a través de los sentidos, y que la experiencia sensorial, se constriñe a permitirnos recordar ese conocimiento previamente adquirido.

Para ejemplificar cómo es que el hombre alcanza el *verdadero ser* (es decir, el mundo de las ideas que es absoluto, idéntico e inmutable) y que la misión del filósofo es precisamente la de liberarlo del mundo de las apariencias (el mundo sensible) y conducirlo a ese estado, Platón utiliza el *mito de la caverna* el cual es referido en el libro VII de la *República*. Hirschberger lo resume de la siguiente manera:

> Nos ocurre a los hombres exactamente lo mismo que a unos cautivos que se hallaran en lo profundo de una caverna subterránea, y que desde su nacimiento estuvieran encadenados a un poste de forma que nunca pudiesen volverse y necesariamente tuvieran sus rostros vueltos hacia la pared opuesta a la entrada de la cueva. A espaldas de ellos, a la entrada, corre a todo lo largo de la caverna un muro de la altura de un hombre. Detrás de este muro, en la parte de fuera, arde una hoguera. Si entre el fuego y el muro discurrieran de acá para allá hombres que llevaran en sus brazos levantados imágenes, estatuas, figuras de animales, herramientas, etcétera, de modo que estos objetos rebasaran la altura del muro, ocurriría que la sombra de esos objetos, producida por el resplandor del fuego, iría a proyectarse en la pared del fondo de la caverna, e igualmente llegaría a los oídos de los cautivos el confuso eco de las voces de los hombres que detrás se mueven. Como los cautivos jamás han percibido otra cosa que las sombras proyectadas delante de sus ojos y el eco de las voces, tendrían por verdadera realidad aquellas imágenes y

---

[18] *Cfr.* Hirschberger, *Historia de la filosofía*, 122. Refiere Hirschberger que, en la doctrina platónica, la *idea* presenta dos significados: "Así pues "idea" tiene dos sentidos, en uno es el pensamiento (idea subjetiva), en el otro el objeto que pensamos (idea objetiva). De la idea en el primer sentido hablábamos cuando tratábamos de la fuente de la verdad", Hirschberger, *Historia de la filosofía*, 126.

sombras de los objetos. Si de pronto pudieran volverse y ver los mismos objetos al claror del fuego, cuyas sombras eran hasta entonces lo único que contemplaban, y percibir las voces mismas en vez del sordo murmullo, quedarían ciertamente asombrados ante esta nueva realidad. Y si suponemos que le es dado salir totalmente de la cárcel subterránea y ver a los hombres, a los animales y las cosas verdaderas a la luz del claro sol, en vez de las meras imágenes de los objetos paseados a lo largo del muro, quedarían sin duda ofuscados ante la realidad tan nueva que ahora se les ofrece. Y si suponemos todavía que aquellos hombres privilegiados volvieran a la caverna y relataran a sus compañeros de cautiverio lo que acaban de ver y les quisieran convencer de que lo que allí se ve y se oye no es la verdadera y auténtica realidad, es muy seguro que no encontrarían fe en sus palabras y que serían objeto de burla. Y si alguno intentara librar a los cautivos y sacarlos a la luz y claridad del verdadero mundo, puede que le costara la vida.[19]

En conclusión:

[...] el verdadero ser no es precisamente el llamado mundo real, el mundo espacial y temporal alumbrado por la luz de este sol terreno. Este mundo no es sino imagen. El verdadero mundo es el mundo de las ideas, el mundo que de verdad es.[20]

De tal suerte, para Platón el conocimiento, la "fundamentación va de arriba abajo; lo superior –el mundo de las ideas– es siempre un ser más pleno, que funda lo que de él depende –la imagen, el mundo sensible–".[21]

El realismo de Aristóteles

Aristóteles nació en Estagira (por ello es conocido como el Estagirita en varios textos y obras), en la costa tracia en el año 384 a. C. Perteneció a la

---

[19]   Hirschberger, *Historia de la filosofía*, 130-131.
[20]   Hirschberger, *Historia de la filosofía*, 130-131.
[21]   Hirschberger, *Historia de la filosofía*, 130-131.

Academia hasta el fallecimiento de Platón quien fuera su maestro y del cual difirió respecto a su teoría del conocimiento.

Para Platón los conceptos de las esencias eran algo *a priori*. El universal era antes que el particular; este debía ser leído y comprendido a través de aquél; Aristóteles, en cambio, declara que "nuestro entendimiento conoce antes el particular que el universal; del particular llegamos al universal".[22]

Para Aristóteles:

> [...] todo conocimiento inicia con una percepción sensible. El alma no puede pensar sin representaciones sensibles. Por eso todos los vivientes están provistos de órganos sensibles. Si falta un sentido, también faltan los correspondientes conocimientos. Un ciego de nacimiento, por ejemplo, no tiene conocimiento de los colores. De este modo prueba Aristóteles que todo conocimiento tiene su origen en los sentidos. Y rehabilita así el conocimiento sensible frente a la crítica negativa de Platón.[23]

La percepción sensible ofrece al alma siempre el conocimiento de una forma. "La forma está ciertamente encerrada dentro de la envoltura sensible del mundo corpóreo, pero puede ser recogida, como pura forma, por la percepción sensible".[24]

Así, la sucesión de representaciones de las formas que se originan por los sentidos (*species sensibilis*) permiten llegar a conceptos universales (*species intelligibilis*). Al proceso por virtud del cual se transita de los datos sensibles obtenidos a través de los sentidos para poder llegar al conocimiento de la esencia de las cosas y la elaboración de los conceptos universales se le denomina abstracción.[25]

En este tenor de ideas el hombre es una *tabula rasa,* en la que se va 'escribiendo' a partir de la percepción sensorial, es decir, los sentidos son el punto de partida del conocimiento humano, ya que a través de estos se intuyen las particularidades de cada objeto del mundo real,

---

[22] Hirschberger, *Historia de la filosofía*, 200.
[23] Hirschberger, *Historia de la filosofía*, 201.
[24] Hirschberger, *Historia de la filosofía*, 201.
[25] *Cfr.* Hirschberger, *Historia de la filosofía*, 201-202.

y posteriormente con la intervención del raciocinio –propio de la esencia del hombre– se abstrae la esencia de cada ente/sustancia y se llega a la construcción de los conceptos universales.

Tanto el *idealismo*, que estableció que las ideas son preconcebidas en el alma, como el *realismo*, cuya idea fundamental era que el conocimiento humano partía de la naturaleza de las cosas en lo individual, fueron doctrinas que retomaron autores, tanto iusnaturalistas como iuspositivistas para explicar sus posturas respecto al Derecho, como se analizará más adelante.

Filosofía de la escolástica medieval

Por escolástica se entiende, en sentido estricto, aquella especulación filosófico-teológica que se cultivó y desarrolló en las escuelas del propio Medievo, es decir, desde Carlomagno hasta el Renacimiento, tal como ha quedado consignada sobre todo en la literatura de *Sumas* y *Quaestiones*. Aquellas escuelas fueron originariamente las escuelas de las catedrales y conventos, más tarde de las universidades.[26]

La doctrina de Santo Tomás

Uno de los grandes exponentes –y considerado como verdadero fundador de esta doctrina– fue Santo Tomás de Aquino, quien retomó muchas de las ideas aristotélicas para la elaboración de su pensamiento y de las cuales se analizarán las más relevantes para el Derecho en los siguientes apartados.

Santo Tomás de Aquino nació a fines del año 1224 d. C. en Roccasecca, de noble familia napolitana.

Respecto al origen del conocimiento, Santo Tomás sigue a Aristóteles al establecer que: "es natural al hombre llegar a lo suprasensible a través de lo sensible, porque todo nuestro conocimiento arranca de lo sensible".[27] En ese orden de ideas: "lo primero que en esta vida nos es dado

---

[26] Hirschberger, *Historia de la filosofía*, 407.
[27] Hirschberger, *Historia de la filosofía*, 481.

conocer es la esencia de las cosas materiales, que constituyen el objeto propio de nuestro entendimiento [...]".[28]

Santo Tomás reconoce tres etapas en el progreso del saber humano:

> Primero experimentamos en la sensación el mundo concreto sensible en su extensión individual, esta carne, estos huesos. Es el mundo de la filosofía natural (*philosophia naturalis*), a la que pertenece también la física. Tiene como objeto el *ens mobile*. Cuando abstraemos de las determinaciones individuales y fijamos nuestra vista tan solo en la extensión en general como tal, puramente en sus relaciones y aspectos cuantitativos, surge el ens *quantum*. Al llegar al último nivel de abstracción y pensar exclusivamente en aspectos ideales, surge el mundo de la metafísica, cuyo objeto es el ser en cuanto ser y sus determinaciones más generales, como unidad, acto, potencia y otras semejantes.[29]

Así, Santo Tomás piensa –al igual que Aristóteles– que la razón es la más perfecta potencia anímica del hombre, en consecuencia, en todo proceso cognoscitivo pleno se pueden identificar cuatro etapas o fases:[30]

1. *Species sensibilis.* Todo lo que conoce el hombre, aun lo no sensible (y aun el conocimiento que el alma tiene de sí misma, que solo es posible a través de actos que se terminan en el mundo externo), se conoce solo por vía del sentido.

2. *Species intelligibilis.* El resultado de la intuición o percepción sensible, la imagen sensible (*species sensibilis*), es iluminado en un estadio superior por el entendimiento agente. Con ello se tienen los contenidos universales de las diferentes representaciones particulares de la misma clase, las esencias. Son de naturaleza espiritual, es decir, suprasensible (*species intelligibilis*) Santo Tomás en esta etapa se refiere a la abstracción.

---

[28] Hirschberger, *Historia de la filosofía*, 481.
[29] *Cfr.* Hirschberger, *Historia de la filosofía*, 481.
[30] *Cfr.* Hirschberger, *Historia de la filosofía*, 515-517.

3. *Species impressa.* El siguiente paso en el proceso del conocimiento consiste en la recepción de la *species intelligibilis* en el espíritu. Santo Tomás distingue, el entendimiento agente del entendimiento posible (*intellectus possibilis*), este último se presenta pasivamente, y al igual que se escribe sobre una tablilla de cera sin rayar, se imprimen las especies.

4. *Species expressa.* La última etapa del conocimiento es desarrollada por una actividad particular del entendimiento posible mediante la cual, las imágenes espirituales se asocian (imprimen) a sus correspondientes objetos materiales.

En este orden de ideas, puede afirmarse válidamente que la doctrina del conocimiento de Santo Tomás es, al igual que la aristotélica, de tipo realista, ya que va de lo particular a lo universal.

Como se ha comentado, Santo Tomás retoma varios postulados del pensamiento filosófico de Aristóteles, este último, en su *Metafísica* establece el concepto de Filosofía como ciencia, señalando que es "el estudio de *todas las cosas* por sus primeras y últimas causas".[31] En ese sentido, el Derecho se encuentra incluido en el término "todas las cosas" y por lo tanto, su origen (concepción) y su fin último (validez y obligatoriedad) deben establecerse observando la esencia propia del hombre, la cual implica la presencia de lo racional.

Boecio en su obra *Sobre la persona y las dos naturalezas* establece que: "*Persona est naturae rationalis individua substantia*: 'la persona es una sustancia individual de naturaleza racional'".[32] En ese orden de ideas, si la naturaleza de la persona es ser racional, el origen y la obligatoriedad de las leyes, especialmente las humanas, deben estar fundamentados en lo racional, ya que, esa es la esencia del hombre. Por lo tanto, la obligato-

---

[31] "[...] que la llamada Sabiduría versa, en opinión de todos, sobre las primeras causas y sobre los primeros principios", Aristóteles, *Metafísica* 1, 981b 28.

[32] Boecio, *Sobre la persona y las dos naturalezas*, citado en Alfredo Santiago Culleton, "Tres aportes al concepto de persona: Boecio (substancia), Ricardo de San Víctor (existencia) y Escoto (incomunicabilidad)", *Revista española de filosofía medieval* de la Universidad de Córdoba 17 (2010), disponible en https://dialnet.unirioja.es/servlet/articulo?codigo=3425631 (fecha de acceso: 16 de marzo de 2021).

riedad de una norma (particularmente de las jurídicas) depende de que sean justas, y para darle ese carácter a una determinada norma, esta debe estar encaminada a lo *bueno* conforme a los postulados de la *ley natural*.

La Ley y el Derecho en la Doctrina de Santo Tomás

Santo Tomás de Aquino en su *Suma Teológica* define la ley en los siguientes términos: "una regla y medida de los actos, según la cual, uno es inducido o alejado del obrar; una ordenación de la razón, para el bien común, promulgada por quien tiene el cuidado de la comunidad".[33] Una vez establecido el concepto general de ley, Santo Tomás distingue entre la *ley natural* y las *leyes humanas*.

Por *ley natural* se entiende:

> [...] la participación de la ley divina en la criatura racional.[34]

> La ley natural es universal, porque es promulgada para todos los hombres con uso de razón; es inmutable, porque sus principios inscritos en la naturaleza humana no pueden cambiar mientras formen parte de la propia esencia humana; y, es indispensable porque obliga a todo hombre con uso de razón.[35]

Entonces, si la ley natural está presente en el hombre por ser racional y su observancia es obligatoria por esta misma característica, y además tiene como fin último la consecución del bien común, ¿por qué existen las leyes humanas? Santo Tomás lo explica de la siguiente manera:

> En la naturaleza humana se encierran inmensas fuerzas, por lo que es preciso encauzarlas por vías justas, y para ello es necesaria la disciplina; ya que el hombre se inclina fácilmente a seguir sus gustos y caprichos.[36]

---

[33] *"Ex quatuor praedictis potest colligi definitio legis, quae nihil est aliud quam quaedam rationis ordinatio bonum commune, ab eo qui curam communitatis habet, promulgata"*, Tomás de Aquino, *S.Th.*, I-II, q.90, a.4.

[34] Aquino, *S.Th.*, I-II, q.94, a.2; 93, a.2; 91, a1.

[35] *Cfr.* Aquino, *S.Th.*, I-II, q.100, a.3 y 11, co; q.94, a.4, a.5 y a.6.

[36] Hirschberger, *Historia de la filosofía*, 524.

Así, la ley humana es necesaria porque es necesario mantener el orden social inmanente o terreno, y aplicar los principios de la ley natural a todas las circunstancias y casos con sanciones que garanticen el orden social y el bien común terreno. Su necesidad se debe a la dificultad para aplicar la ley natural a casos concretos y circunstancias diversas y así salvar el orden social. También es necesaria para interpretar y determinar auténticamente la ley natural ya que, aunque los primeros principios universalísimos son evidentes para todos, en la medida que se van particularizando, y aplicando a casos más concretos, es necesario ir deduciendo, a partir de un raciocinio que se va oscureciendo, en la medida en que se complican las situaciones morales. Y dado que no todas las personas tienen capacidad para realizar deducciones complicadas y aplicarlas a casos complicados, se hace necesaria la ley humana que explicite, para esos casos, la ley natural.[37]

Por lo tanto, para que la ley positiva humana sea válida y obligatoria, Santo Tomás señala que "ésta debe ser *justa* (conforme a la ley natural), moral, físicamente posible, fiel a las tradiciones de los pueblos, acorde al tiempo y espacio, necesaria, apta para el fin, promulgada y tener como fin último el bien común".[38]

El silogismo

Ya Aristóteles en su *Analytica Posteriora* había establecido el concepto de silogismo, como "una unión de ideas, en la que, asentada una cosa, se sigue necesariamente la posición de otra distinta, y ello precisamente en fuerza de la posición anterior".[39]

---

[37] Manuel Ocampo Ponce, "Reflexiones metafísicas sobre la ley moral en Santo Tomás de Aquino", *Revista chilena de estudios medievales* 15 (2019, junio), disponible en https://scielo.conicyt.cl/pdf/rcem/n15/0719-689X-rcem-15-29.pdf (fecha de acceso: 16 de marzo de 2021).

[38] Hirschberger, *Historia de la filosofía*, 526.

[39] Hirschberger, *Historia de la filosofía*, 193.

La escolástica medieval retomó esta estructura argumentativa, y al referirse a la inferencia, como resultado de la tercera operación de la mente, el *raciocinio*, estableció lo siguiente:

> El raciocinio es el paso que hacemos de juicios conocidos a juicios desconocidos o antes ignorados, pero un paso en el que no hay solo sucesión temporal, sino también dependencia causal en cuanto al conocimiento. En la estructuración de estas enunciaciones, las *antecedentes* se llaman *premisas* y la *consecuente* se llama *conclusión*. Y las premisas causan en nosotros el conocimiento de la conclusión.[40]
>
> [...]
>
> El raciocinio trabaja con proposiciones (signo o expresión de los juicios), a las cuales estructura de modo que pueda compararlas entre sí: por ejemplo, en el silogismo, una proposición de mayor extensión (llamada *premisa mayor*, por contener el *término mayor*), otra de menor extensión (llamada premisa menor, por contener el *término menor*), en cada una de las cuales debe colocarse un término de extensión intermedia, eje de la relación (llamado *término medio*, y que será, en verdad, intermediario entre el termino mayor, que tiene intencionalidad de predicado, y el termino menor, que tiene intencionalidad de sujeto). Se efectúa entonces la comparación, en la que la premisa menor es "iluminada" por la mayor. En seguida se ve la conveniencia de ambos extremos (mayor y menor) a la luz de la conveniencia de éstos con el medio, y de ello surge la conclusión. Este es precisamente el acto de inferencia.[41]

En este sentido, el silogismo está conformado por premisas; la premisa mayor corresponde al principio y la premisa menor al caso concreto, y de la aplicación del primero al segundo se obtendrá la conclusión. Un ejemplo sería "toda persona nacida dentro del territorio mexicano

---

[40] Mauricio Beuchot, "El sistema lógico argumentativo de Tomás de Aquino", *Revista Ergos* de la Universidad Veracruzana, Nueva Época, 2 (1996, marzo): 23-46, disponible en https://cdigital.uv.mx/handle/123456789/36590 (fecha de acceso: 16 de marzo de 2021).

[41] Beuchot, "El sistema lógico argumentativo...", 38-39.

es mexicana" (premisa mayor); "Juan Pérez nació dentro del territorio mexicano" (premisa menor); lo que obliga a concluir que "Juan Pérez es mexicano".

En la escolástica solían darse ocho reglas para el silogismo categórico o común. Cuatro de ellas se refieren a la materia remota (términos) y las otras cuatro a la materia próxima (proposiciones):

i.   Los términos deben ser tres: mayor, medio y menor;
ii. Los términos extremos (mayor y menor) no deben ser más amplios en la conclusión que en las premisas;
iii. El término medio no debe entrar en la conclusión;
iv. El término medio debe ser universal en las dos premisas o al menos en una;
v.   Si las dos premisas son afirmativas, no se sigue una conclusión negativa;
vi. Si las dos premisas son negativas, entonces no hay ninguna conclusión;
vii. Si las dos premisas son particulares, tampoco hay conclusión alguna; y,
viii. La conclusión sigue siempre a la parte "peor" (esto es, a la más débil: lo particular y lo negativo).[42]

Las reglas anteriores fueron atribuidas a Santo Tomás en un opúsculo denominado *De natura syllogismorum*, perteneciente a la *Summa totius logicae Aristotelis*, aunque existen dudas de que fuera el propio Santo Tomás quien elaborará dichas reglas.[43]

Vale la pena hacer un comentario final antes de seguir con el estudio de las principales ideas del pensamiento kantiano y su influencia en la ciencia jurídica. De lo analizado hasta ahora, el lector podrá percatarse que un gran número de postulados, conceptos y terminología utilizada hoy en día por los diversos operadores del sistema jurídico, como lo son *justicia, ley, silogismo, bien común* tienen su origen en las diversas doctrinas filosóficas. Basta, por ejemplo, detenerse a analizar cómo resuelven

---

[42]   Beuchot, "El sistema lógico argumentativo...", 42-43.
[43]   Beuchot, "El sistema lógico argumentativo...", 42-43.

los juzgadores de primera instancia en materia civil en la Ciudad de México para percatarse que la estructura lógica-argumentativa utilizada en las sentencias encuadra en la del silogismo, donde la premisa mayor es el texto normativo, la premisa menor es la situación jurídica individualizada (*litis*) o la conducta que actualiza el supuesto normativo y la conclusión es la consecuencia jurídica prevista por la norma.

Otro ejemplo que puede mencionarse es la determinación de si una norma civil es o no constitucional o convencional a través del "juicio de razonabilidad" o "de proporcionalidad" que esencialmente utiliza como parámetros las características establecidas por Santo Tomás para que una ley humana sea válida y obligatoria. Estos ejemplos serán retomados en la parte final del presente estudio.

La doctrina kantiana del deber

Immanuel Kant, hijo de un guarnicionero, nació en 1724, en Königsberg. Se ha llamado a Kant el mayor filósofo alemán, el mayor filósofo de la cultura moderna, entre otros apelativos porque su filosofía representó en conjunto la unión de lo antiguo y lo moderno.[44]

Para los efectos de este estudio abordaremos tres aspectos de la filosofía kantiana: su teoría del conocimiento, el concepto de *deber* y el *imperativo categórico*.

La fenomenología kantiana

Respecto a la teoría del conocimiento kantiana desarrollada en la *Crítica a la razón pura* debe destacarse el concepto de *filosofía trascendental*, la cual es para Kant:

> [...] la doctrina que tiene por objeto la posibilidad del conocimiento de la experiencia, en cuanto que estudia la manera como los objetos de esta experiencia llegan a constituirse en tales objetos a base de las formas subjetivas aprióricas de nuestro espíritu.[45]

---

[44] *Cfr.* Hirschberger, *Historia de la filosofía*, vol. II, 192-193.
[45] Hirschberger, *Historia de la filosofía*, vol. II, 203.

La filosofía trascendental se compone de tres campos[46] de estudio:

1.   *Estética trascendental*

En ella Kant trata del espacio y el tiempo como las dos formas aprióricas de la percepción intuitiva sensible. Lo primero que va a probar Kant es que espacio y tiempo son dos intuiciones sensibles y no conceptos de la mente; y, en segundo lugar, que son *a priori*, y no adquiridas *a posteriori* por la experiencia.

2.   *Analítica trascendental*

El conocimiento humano se origina de dos fuentes capitales del espíritu; la primera es la facultad de recibir las representaciones (la receptividad de las impresiones), la segunda la facultad de conocer con el pensamiento un objeto sirviéndose de aquellas representaciones (espontaneidad de los conceptos); por la primera se nos *da* un objeto, por la segunda dicho objeto es *pensado* en conexión con aquella representación. 'Pensamientos sin contenido son vacíos; intuiciones sin conceptos, son ciegas'.[47]

3.   *Dialéctica trascendental*

'Todo nuestro conocimiento arranca del sentido, pasa al entendimiento y termina en la *razón*'. En el sentido Kant encontró como elementos fundamentales las formas trascendentales de la intuición; en el entendimiento lo fueron los conceptos puros del entendimiento o categorías; en la razón lo serán las 'ideas'. Las ideas son, pues 'reglas heurísticas'; no principios constitutivos, es decir, aptos para elevar intuiciones a conceptos, sino solo regulativos, es decir, que enderezan el uso del entendimiento hacia un fin problemático.

---

[46] Hirschberger, *Historia de la filosofía*, 206 y ss.

[47] Esto significa que el ser humano experimenta el mundo exterior, conjuntamente tanto con el uso de la razón, como con el de ciertas categorías que ya posee de manera previa y subjetiva.

Es por estas razones que un rasgo característico de la teoría del conocimiento de Kant es el fenomenalismo.

> El conocer humano está limitado al campo de los fenómenos sensibles, que más allá de sus fronteras nada puede conocer ni con sus formas de intuición, ni con sus formas del pensar, ni con sus ideas de la razón. Lo que no es fenómeno, no es objeto de la experiencia. El entendimiento no puede sobrepasar los límites del sentido. Los principios son simples principios de exposición y explicación de los fenómenos.[48]

La ética kantiana

"El hecho de lo moral consta de dos elementos específicos que lo dividen perfectamente de toda otra clase de ser. Estos elementos son el deber y la libertad".[49] La teoría de la moralidad kantiana tiene como rasgos fundamentales el formalismo, el apriorismo y la autonomía:

a. *Formalismo*. 'Obra de modo que la máxima de tu voluntad pueda siempre valer como principio de una legislación general'.[50] La ética de Kant es una ética del deber. La determinación por el deber es la determinación de la voluntad que hace a esta buena simplemente, con aquella bondad específica que es única en este mundo y por encima de él. "Pero el deber no implica en sí nada 'agradable que halague el gusto', sino que exige sumisión, dicta la ley, acalla los apetitos y se granjea el respeto del alma, aun contra el propio querer".[51] En este sentido: *"Toda la moral descansa única y exclusivamente en el obrar por el deber* [...] Solo cuando nuestra acción nace 'del deber' y se ejecuta 'por amor al deber' nuestro obrar es moral".[52]

---

48 Hirschberger, *Historia de la filosofía*, vol. II, 239.
49 Hirschberger, *Historia de la filosofía*, vol. II, 249.
50 Hirschberger, *Historia de la filosofía*, vol. II, 251.
51 Hirschberger, *Historia de la filosofía*, vol. II, 254.
52 Hirschberger, *Historia de la filosofía*, vol. II, 254.

b.   *Apriorismo.* La razón impera por sí misma y al margen de toda experiencia. Aun cuando no se hubiera dado hasta ahora en la vida un solo amigo honrado, no obstante la honradez como deber existiría. Con este rasgo Kant pretendió justificar la intemporalidad de la ley moral.[53]

c.   *Autonomía.* El hombre se da a sí mismo la ley moral; es él mismo la ley moral con su pura razón práctica. Dado que el principio de la moralidad descansa en la pura legislabilidad universalmente valedera, la razón es por sí misma práctica y, con ello, esa razón se convierte en ley para todos los seres racionales.[54]

El imperativo categórico kantiano

Kant desarrolló el concepto del *imperativo categórico*, el cual tiene relación estrecha con la doctrina jurídica positivista que se desarrollaría posteriormente.

El imperativo categórico es la fórmula mediante la cual se expresa la ley moral para el hombre. Se traduce en un mandato que no está limitado por condición alguna, y por eso es categórico. Es irrenunciable, puesto que sólo se puede renunciar a una condición, y siendo éste incondicionado, no hay condición a la cual renunciar.[55]

Por otra parte, el imperativo categórico no es solamente el fundamento a priori de la *moral*, sino que también lo es del *derecho*. Kant lo declara expresamente en la *Metafísica de las Costumbres*: '[...] sólo conocemos nuestra libertad (de la que proceden todas las leyes morales, por tanto, también todos los derechos, así como los deberes) a través del *imperativo moral, que es una proposición que manda el deber, y a partir de la cual puede desarrollarse después la facultad de obligar a otros, es decir, el concepto de derecho'.*[56]

---

[53]   *Cfr.* Hirschberger, *Historia de la filosofía*, vol. II, 255.
[54]   Hirschberger, *Historia de la filosofía*, vol. II, 255.
[55]   Hirschberger, *Historia de la filosofía*, vol. II, 15-16.
[56]   Hirschberger, *Historia de la filosofía*, vol. II, 16.

La idea kantiana del "deber debe ser obedecido por el deber", tuvo como consecuencia para la filosofía del derecho, el positivismo jurídico.

Algunas de las corrientes iuspositivistas interpretaron la premisa kantiana estableciendo que el mandamiento general emitido por la autoridad facultada para ello, es decir, la ley, debía ser obedecida por el simple hecho de serlo, siempre que hubiese cumplido con las formalidades establecidas para su creación (proceso legislativo), independientemente de que esta fuera o no racional.

Esta idea será desarrollada más adelante, pero es necesario precisar que, si bien es cierto, la ética kantiana tiene como piedra angular el *deber*, y que el hombre está obligado a obedecerlo por el simple hecho de serlo, también lo es que este último debe tener como origen y fundamento la moralidad. Por lo tanto, para que una conducta pueda ser considerada como *deber*, necesariamente tiene que cumplir con las exigencias de la ley moral y ser racional. En conclusión, el *deber* debe ser obedecido por el hecho de serlo, pero para poderlo considerar como tal, este *tiene* que ser *racional*.

Las ideas anteriores fueron expuestas por el propio Kant de la siguiente manera:

> El hombre se da a sí mismo la ley moral; es él mismo la ley moral con su pura razón práctica. Dado que el principio de la moralidad descansa en la pura legislabilidad universalmente valedera, la razón es por sí misma práctica y, con ello, esa razón se convierte en ley para todos los seres racionales.[57]

Separación de las ciencias positivas

Para la doctrina positivista:

> [...] el conocer no es más que el proceso de recepción a través de nuestros sentidos de las 'imágenes' de los objetos, más aún, la conciencia misma

---

[57]   Véase Hirschberger, *Historia de la filosofía*, vol. ll, 255.

está constituida tan sólo por el conjunto de estas representaciones y los modos psicológicos de su conexión.[58]

Surge al mismo tiempo en el que se desarrollan las ciencias físiconaturales en la Edad Moderna, su gran principio es desde sus comienzos, la limitación de la esfera de lo cognoscible a lo fenoménico y causal (sensorial); la renuncia al planteamiento y a la solución de problemas valorativos, ontológicos y, en general, supraempíricos.

En término sencillos:

> [...] el positivismo se caracteriza especialmente por pretender desterrar de la ciencia, toda metafísica, toda ética material y toda doctrina de valores, y por restringir la ciencia estrictamente a los hechos y a su 'legalidad' empíricamente observable.[59]

Pueden señalarse como premisas fundamentales de los sistemas positivistas en general las siguientes:[60]

a. *El concepto de realidad como un todo conexo y ordenado según leyes invariables de naturaleza causal.* Para el positivismo el mundo aparece, no como un conjunto de cosas o fenómenos variables, sino como un sistema de relaciones constantes y necesarias.

b. *El único conocimiento que puede revestir validez universal es el conocimiento de las conexiones causales entre los fenómenos.* El método consustancial al positivismo es, por eso, la inducción, un método que considera lo singular y concreto tan solo como material para la observación.

---

[58] *Cfr.* Felipe González Vicén, "El positivismo en la filosofía del derecho contemporáneo", *Revista de estudios políticos* 51 (1950): 31-78, disponible en https://dialnet.unirioja.es/servlet/articulo?codigo=2127798 (fecha de acceso: 16 de marzo de 2021).

[59] Silvana Mabel García, "El Derecho como ciencia", *Revista Invenio* 14.26 (2011, junio), disponible en https://www.redalyc.org/pdf/877/87717621002.pdf (fecha de acceso: 16 de marzo de 2021).

[60] *Cfr.* González Vicén, "El positivismo en la filosofía...", 34-37.

c. *Elevación de la ley de causalidad a condición de posibilidad del conocimiento.* La filosofía positivista identifica la esfera de lo cognoscible con el mundo de los fenómenos regidos por la relación de causa a efecto; todo lo que se encuentra más allá de sus fronteras pertenece al reino de la fantasía.

d. *La filosofía es para el positivismo teoría de la ciencia.* La filosofía no constituye para el positivismo una ciencia junto a las otras ciencias, ni tampoco un conocimiento esencialmente distinto del de estas, sino que *se halla ya contenida en ellas 'en forma de principios'.* La filosofía es un grado superior, el más elevado, en el proceso de inducción y generalización que parte de la realidad sensible. Las ciencias singulares abstraen y reducen a proposiciones cada vez más simples y comprensivas una esfera de lo real; *la filosofía, por su parte, abstrae de estas proposiciones sus elementos fundamentales, los reduce a sistema y ofrece así una visión conjunta y unitaria de aquellos principios que las ciencias singulares no explican, sino que dan por supuestos, y que constituyen la base de todo su conocimiento.*

En conclusión, el positivismo reduce el objeto del conocimiento a la experiencia, es decir, a lo comprobable a través de la experimentación, todo aquello que no pueda ser corroborado mediante la experiencia sensorial no puede ser considerado objeto de conocimiento.

La filosofía del Derecho positivista implica la aplicación de los principios mencionados anteriormente al Derecho.

Existen diversos autores como Rudolf von Ihering, Friedrich Karl von Savigny y Hans Kelsen (a este último se le dedica un apartado en este estudio) y escuelas de pensamiento iuspositivista, cada una con sus propios postulados y conceptos, pero podemos establecer algunas ideas comunes a todas ellas:[61]

a. *El Derecho es Derecho Positivo.* Para la filosofía jurídica positivista el Derecho aparece solo bajo la forma de su determinación

---

[61] *Cfr.* González Vicén, "El positivismo en la filosofía...", 38-44.

concreta, como ordenamiento efectivo de la convivencia en un momento histórico.

b. *El Derecho como fenómeno histórico*. Para Savigny la ciencia del Derecho es, por esencia, una ciencia histórica, y el dogmático, como el historiador del Derecho, tienen un mismo cometido: "el uno conocer el Derecho en aquella parte de la Historia que llamamos presente; el otro en aquella que llamamos pasado".

La influencia del pensamiento positivista en la ciencia jurídica lleva a dos afirmaciones. La primera de ellas es que el Derecho se escindió del pensamiento filosófico, pero conservó varios de sus conceptos (por ejemplo, los de justicia, persona, premeditación y prudencia), ya que como ha quedado establecido, la filosofía se encuentra presente en todas las ciencias en forma de *principios*. La segunda afirmación gira en torno a que el Derecho puede considerarse como *ciencia*, ya que presenta un sistema de conocimientos objetivos y verificables (derecho sustantivo) a través de la observación y experimentación; y a la vez es *técnica* porque tiene un método particular para ejercer y desarrollar esos conocimientos (derecho adjetivo).

La doctrina de Hans Kelsen

La doctrina desarrollada por Hans Kelsen en su *Teoría Pura del Derecho* ameritaría un estudio independiente para poder analizarla a detalle y que rebasaría los fines del presente trabajo, por lo que a continuación solo se enuncian algunas de sus ideas más importantes:[62]

a. Kelsen afirma que la Ciencia del Derecho no tiene que ver –al menos primariamente– con la conducta efectiva de los hombres o con los fenómenos psíquicos como tales, sino con normas jurídicas, y en ese sentido es una doctrina de las "formas puras" del Derecho.

---

[62] *Cfr*. Mabel García, "El Derecho como ciencia", 19-20.

b. El Derecho es un orden normativo que pertenece, en cuanto tal, a la categoría ontológica del deber ser.

c. La pureza metodológica significa que la Ciencia del Derecho tiene que someterse ascéticamente a una depuración de todos aquellos elementos históricos, sociológicos, políticos, iusnaturalistas y metafísicos que pertenecen a otros órdenes del conocimiento.

d. La "Teoría pura del Derecho" solo tiene que ver con el derecho positivo.

e. La Ciencia del Derecho tiene que ver con normas, es decir, con un deber ser, pero *no se ocupa de los contenidos*, sino de la estructura lógica de las normas jurídicas.

De las ideas anteriores puede concluirse lo siguiente: al formar parte el Derecho del mundo del *deber ser* Kelsen retoma las ideas kantianas del imperativo categórico (el deber debe cumplirse por el deber mismo) y las aplica a la Ciencia del Derecho y que podría enunciarse de la siguiente forma: 'la ley debe cumplirse porque es ley', y en ese sentido se fundamenta y sostiene que no hay más Derecho que el derecho positivo, independientemente de que este sea racional o no.

En su *Teoría Pura del Derecho* el propio Kelsen lo estableció en los siguientes términos:

> No se puede negar validez a ningún orden jurídico positivo por el contenido de sus normas. Este es un elemento esencial del positivismo jurídico; y justamente en su teoría de la norma fundante básica demuestra la teoría pura del derecho ser una doctrina jurídica positivista.[63]

---

[63] Hans Kelsen, *Teoría Pura del Derecho*, 16ª ed., trad. Roberto J. Vernengo (Ciudad de México: Porrúa, 2015), 228.

La escuela de la exégesis francesa

Antes de analizar las disposiciones del ordenamiento jurídico mexicano, se hará un breve estudio de los postulados fundamentales de la Escuela de la Exégesis francesa a partir de la obra de Julien Bonnecase, ya que, el método exegético tuvo una gran influencia en los sistemas jurídicos decimonónicos, y aún más en aquéllos que adoptaron el proceso de codificación iniciado por el *Código Napoleón* de 1804: "El método exegético establecía como finalidad de la interpretación la aplicación del Derecho y no la creación de éste".[64]

En este sentido refiere Bonnecase las ideas de algunos de los principales exponentes de la exégesis francesa: para Laurent: "Los Códigos no dejan nada al arbitrio del intérprete, este no tiene ya por misión hacer el Derecho: el Derecho está hecho";[65] para Demolombe: "Interpretar es descubrir, dilucidar el sentido exacto y verdadero de la ley. No es cambiar, modificar, innovar; es declarar, reconocer".[66] Finalmente, es categórico lo señalado por Mourlon: "*Dura lex, sed lex*; un buen magistrado humilla su razón ante la de la ley, pues está instituido para juzgar conforme a ella y no de ella. Nada está sobre la ley [...]".[67]

Puede concluirse que los rasgos característicos[68] de la exégesis son los siguientes:

a. *El culto al texto de la ley.* El derecho positivo lo es todo y todo el derecho positivo está constituido por la ley.

---

[64] *Cfr.* Rodolfo Luis Vigo, "De la interpretación de la ley a la argumentación desde la Constitución: realidad, teorías y valoración", *Díkaion Revista de la Universidad de la Sabana Colombia* 21.1 (2012, junio): 187-227, disponible en https://www.redalyc.org/pdf/720/72024685007.pdf (fecha de acceso: 16 de marzo de 2021).

[65] Julien Bonnecase, *La escuela de la exégesis en derecho civil* (Ciudad de México: Cajica, 1944), 141.

[66] Bonnecase, *La escuela de la exégesis*, 150.

[67] Bonnecase, *La escuela de la exégesis*, 160.

[68] Rafael Sánchez Vázquez, "Algunas consideraciones sobre el método exegético jurídico". En *Anuario Jurídico XVI* (Ciudad de México: UNAM–IIJ, 1989), 269-282, disponible en https://archivos.juridicas.unam.mx/www/bjv/libros/5/2102/13.pdf (fecha de acceso: 16 de marzo de 2021).

b. *Interpretación dirigida, fundamentalmente, a buscar la intención del legislador.* El legislador se vuelve un ser omnipotente que todo lo prevé en el texto legal y si existiera alguna omisión es intencional.

c. *Uso del método deductivo.* Descubierta la intención del legislador y establecido el principio fundamental que consagra, es preciso obtener todas las consecuencias, "dar a la norma la extensión de que sea susceptible, sirviéndose de un proceso deductivo; y sin más punto de apoyo que el raciocinio y la habilidad dialéctica".[69]

d. *Negación de valor general a la costumbre.* Las insuficiencias de la ley se salvan a través de la ley misma, mediante la analogía.

e. *Predominio del argumento de autoridad.* Se privilegian las obras de los antecesores.

f. *Carácter eminentemente estatal del Derecho. Dura lex, sed lex.* Las leyes naturales solo obligan en cuanto sean sancionadas por las escritas. No hay más equidad que la de la ley ni más razón que la de aquella.

Finalmente, como señala Vernengo:

> [...] la exégesis aparece como un procedimiento predominante en todos los derechos escritos y especialmente en aquellos sometidos a una sistematización legislativa como la efectuada por las codificaciones de los siglos XIX y XX.[70]

---

[69] Sánchez Vázquez, "Algunas consideraciones sobre...".
[70] Roberto José Vernengo, "La interpretación jurídica". En Francisco Javier Laporta San Miguel y Ernesto Garzón Valdés (Coods.), *El Derecho y la Justicia*, vol. 2 (Madrid: Trotta, 1996), 278.

El iuspositivismo en el sistema jurídico mexicano

Teniendo en consideración que nuestro sistema jurídico pertenece a la denominada tradición romano-germánica y adoptó en su gran mayoría los postulados de la codificación francesa, a continuación, se analiza el cuarto párrafo del artículo 14 de la Constitución Federal, para poder determinar si nuestro ordenamiento jurídico, en materia de interpretación, sigue a la escuela de la exégesis.

El cuarto párrafo del artículo 14 de la Constitución es del tenor literal siguiente:

> Artículo 14. [...] En los juicios del orden civil, la **sentencia definitiva** *deberá ser conforme a la letra* **o** a la interpretación jurídica de la ley, y a falta de ésta se fundará en los principios generales del derecho [...].

De una primera lectura del precepto constitucional puede determinarse que el sistema jurídico mexicano, es un sistema fundado en la ley, al colocar a la legislación como la fuente principal u originaria.[71]

En razón de lo anterior es que se ha catalogado al sistema jurídico nacional como preponderantemente *legalista* (iuspositivista). Puede establecerse como característica fundamental de estos sistemas la siguiente:

> La sujeción a la Ley en que se encuentran las demás fuentes formales del Derecho tiene como resultado que los sistemas legalistas *aparentemente* carezcan de pluralidad de fuentes para la solución de un problema concreto. La gran mayoría de los casos se resuelven con apego a la Ley de ser posible, al sentido literal de la misma.

> Los órganos jurisdiccionales suelen aplicar un razonamiento silogístico en sus sentencias, utilizando la norma legal como premisa mayor y los

---

[71] *Cfr.* Luis Mauricio Figueroa Gutiérrez, "El artículo 14 constitucional. La norma de cierre del sistema jurídico mexicano", *Heurística Jurídica* 1.2 (2011, enero-junio): 23-48, disponible en https://erevistas.uacj.mx/ojs/index.php/heuristica/article/view/1182/1016 (fecha de acceso: 16 de marzo de 2021).

hechos materiales del caso como premisa menor; la conclusión tiene pretensiones de perfección lógica.[72]

En ese sentido, los criterios judiciales interpretaron el texto del cuarto párrafo del artículo 14 constitucional:

INTERPRETACION DE LA LEY.
Las leyes deben ser interpretadas en los casos en que su sentido es oscuro, lo que obliga al juzgador a desentrañar su significado haciendo uso de los distintos sistemas de interpretación que la doctrina ha elaborado, pero no es procedente pretender que deban interpretarse aquellas normas cuyo sentido es absolutamente claro, pues a ello se opone la garantía establecida en el cuarto párrafo del artículo 14 constitucional, que manda que las sentencias deben ser conforme a la letra de la ley, ya que lo contrario lleva al juzgador a desempeñar el papel de legislador creando nuevas normas a pretexto de interpretar las existentes, lo que carece de todo fundamento legal.

Amparo directo 6230/54. Jefe del Departamento del Distrito Federal. 5 de octubre de 1955. Unanimidad de cinco votos. Ponente: Arturo Martínez Adame.[73]

Esta interpretación del texto constitucional es errónea, ya que, como en su momento estableció el maestro De Pina:

[...] no se puede aplicar una norma jurídica si antes no se interpreta, y para el momento en el que un juez define qué norma jurídica debe aplicar, es porque ya la interpretó, aunque sea inconscientemente.[74]

---

[72] Juan Ramón Capella, *Fruta Prohibida*, citado en Rico, Garza y Cohen, *Introducción al Estudio*, 66.

[73] Semanario Judicial de la Federación, 5ª Época, Cuarta Sala, t. CXXVI, p. 73, Tesis Aislada.

[74] Eduardo J. Couture, *et al.* "Interpretación e integración de las leyes procesales (sesión de mesa redonda)", citado en Figueroa Gutiérrez, "El artículo 14 constitucional...", 29.

Debe precisarse que el criterio judicial antes transcrito y otros similares han sido abandonados por los órganos judiciales, así como por la Suprema Corte de Justicia de la Nación con la evolución de la jurisprudencia.

De lo dicho anteriormente puede concluirse que: "el párrafo cuarto del artículo 14 constitucional no es sólo regla de interpretación, sino de integración".[75]

Resta un último comentario al texto del cuarto párrafo del artículo 14 constitucional respecto a su redacción. El citado precepto en materia civil se refiere a "la sentencia definitiva", lo que puede considerarse como un desacierto, ya que, restringe la interpretación al acto por virtud del cual se da por concluido normalmente un proceso:

> Tiene indudablemente el defecto de referirse de modo exclusivo al acto por el cual un negocio es fallado, como si los problemas hermenéuticos, en esta materia, únicamente pudieran presentarse cuando el juez dicta sentencia. Las cuestiones interpretativas surgen no sólo al resolver los conflictos, sino en cualquier acto de aplicación de leyes... La regla contenida en el artículo 19 del Código Civil es más completa, ya que el citado precepto alude, en general, a la interpretación y la integración de las leyes civiles.[76]

El texto del artículo 19 del Código Civil para la Ciudad de México es el siguiente:

> Artículo 19. Las *controversias judiciales* del orden civil deberán resolverse conforme a la letra de la ley o a su interpretación jurídica. A falta de ley se resolverán conforme a los principios generales de derecho.

Aunque el artículo antes transcrito es más amplio al establecer que cualquier "*controversia*" en materia civil deberá resolverse conforme a la letra de la ley o a su interpretación jurídica, sigue excluyendo a los nego-

---

[75] Eduardo García Máynez, *Introducción al estudio del Derecho*, 63ª ed. (Ciudad de México: Porrúa, 2011), 380-381.

[76] García Máynez, *Introducción al estudio*, 381.

cios civiles en los que no existe *litis* o controversia alguna, por lo que, se considera que el artículo 19 debe ser interpretado de forma conjunta con el artículo 1851 del mismo ordenamiento, ya que, de esta forma se amplía la esfera de interpretación e integración en materia civil, y esta misma fórmula debiera ser la del texto constitucional.

> Artículo 1851. Si los términos de un contrato son claros y no dejan duda sobre la intención de los contratantes, se estará al sentido literal de sus cláusulas.
>
> Si las palabras parecieren contrarias a la intención evidente de los contratantes, prevalecerá ésta sobre aquéllas.

Finalmente, conforme a las ideas del jurista De Pina, que refiere que existe interpretación incluso en la aplicación de la ley, así como que el precepto constitucional establece las bases de la integración del sistema jurídico, la redacción del cuarto párrafo del artículo 14 debiera ser: "deberá ser conforme a la letra y a la interpretación jurídica de la ley", ya que, la *o* implica disyunción, mientras que la *y* al ser una conjunción implica unión.

Las otras fuentes del Derecho

En el presente apartado solo se hará mención del concepto de cada una de las fuentes formales, en virtud de que el estudio de su naturaleza, jerarquía dentro del sistema jurídico, clases y función ya fueron (o serán) analizadas en los respectivos cursos de Introducción al Estudio del Derecho e Introducción al Estudio del Derecho Civil.[77]

a. Tratados Internacionales

Conforme a la *Convención de Viena Sobre el Derecho de los Tratados* se entiende por tratado internacional:

---

[77]   Véase Rico, Garza y Cohen, *Introducción al Estudio*.

[...] un acuerdo internacional celebrado por escrito entre Estados y regido por el derecho internacional, ya conste en un instrumento único o en dos o más instrumentos conexos y cualquiera que sea su denominación particular.[78]

En nuestro sistema jurídico los tratados internacionales están previstos como fuente formal en el artículo 133 constitucional:

Artículo 133. Esta Constitución, las leyes del Congreso de la Unión que emanen de ella y *todos los tratados que estén de acuerdo con la misma, celebrados y que se celebren por el presidente de la República, con aprobación del Senado, serán la Ley Suprema de toda la Unión* [...].

b. Legislación (Proceso Legislativo)[79]

La legislación es el procedimiento que siguen determinados órganos del Estado para crear normas jurídicas generales, abstractas y escritas denominadas Leyes. En nuestro sistema jurídico el proceso legislativo está regulado en los artículos 71 y 72 de la Constitución Federal.

c. Costumbre[80]

La costumbre es una práctica reiterada que se considera jurídicamente obligatoria por una comunidad. La definición indicada se integra por dos elementos: la práctica reiterada o uso (elemento objetivo) y la convicción de que dicha práctica es jurídicamente vinculante (elemento subjetivo).

En el sistema jurídico mexicano solo es admisible la costumbre delegada (*secundum legem*) que origina normas jurídicas consuetudinarias que deben ser observadas por disposición legal.

---

[78] Respecto a los tratados internacionales, es pertinente mencionar que forman parte del denominado *bloque de constitucionalidad* acorde con lo establecido por los artículos 1 y 133 constitucionales, y que su importancia como fuente formal (en especial aquéllos que versan sobre derechos humanos) tomó gran importancia a partir de la reforma de 10 de junio de 2011.

[79] Rico, Garza y Cohen, *Introducción al Estudio*, 55.

[80] Rico, Garza y Cohen, *Introducción al Estudio*, 62.

d. Jurisprudencia[81]

Como fuente formal del Derecho son los criterios emanados de determinados órganos jurisdiccionales, que tienen fuerza obligatoria para los órganos de menor jerarquía que el emisor. Conforme al artículo 215 de la Ley de Amparo la jurisprudencia "se establece por precedentes obligatorios, por reiteración y por contradicción".

e. Principios Generales del Derecho

"Sobre su concepto, naturaleza y determinación existe abundante literatura jurídica, sin que pueda afirmarse que algún autor haya alcanzado conclusiones unánimemente aceptadas en la materia".[82] Rebasaría los efectos de este trabajo analizar cada una de las definiciones propuestas por los diversos autores, por lo que solo se presentará una de ellas y posteriormente se estudiarán las funciones que se les han atribuido a dichos principios.

Para Manuel Morales Hernández los Principios Generales del Derecho (PGD) son:

> Criterios y proposiciones jurídicas, inducidos mediante la abstracción de la experiencia de la vida legal, que por ser apriorísticos, racionales y objetivos han sido, generalmente, aceptados a través del tiempo y el espacio, transformándose en verdades universales, fuente y directriz teleológica del sistema normativo.[83]

Los Tribunales mexicanos los han conceptualizado como "los dogmas generales que conforman y dan coherencia a todo el ordenamiento jurídico [...] son la manifestación auténtica, prístina, de las aspiraciones de la justicia de una comunidad".[84]

---

81   Rico, Garza y Cohen, *Introducción al Estudio*, 59.
82   Rico, Garza y Cohen, *Introducción al Estudio*, 152.
83   Manuel Morales Hernández, *Principios Generales del Derecho. Compilación de aforismos jurídicos*, 2ª ed. (Ciudad de México: Porrúa, 2015), 69.
84   Principios generales del derecho. Su función en el ordenamiento jurídico. Semanario Judicial de la Federación, 8ª Época, TCC, t. III, 2ª parte, 1989, p. 573, Tesis Aislada.

Se considera que los PGD provienen de la razón, y fueron utilizados inicialmente en el Derecho Romano, posteriormente también fueron aceptados por la filosofía aristotélico-tomista y pueden ser considerados como *verdades jurídicas evidentes* (p. ej. "Todo el que afirma está obligado a probarlo, salvo que la verdad sea evidente").

Los PGD tienen como características generales las siguientes:

> 1. Principios racionales superiores; 2. Tienen carácter general y son admitidos por la doctrina; 3. Son presupuestos jurídicos de diversas normas legislativas; 4. No se encuentran escritos en textos; 5. Se aplican de manera supletoria por la insuficiencia de la ley o en defecto de ésta; 6. Sirven como elementos de creación de normas; y, 7. Orientan la función legislativa.[85]

De los conceptos y características analizadas se puede concluir que la norma escrita debe ser acorde a estos principios, que derivan de la razón y son la *"manifestación auténtica, prístina, de las aspiraciones de la justicia de una comunidad"* como refirieron los tribunales mexicanos, por lo tanto, si la ley los contraviene, entonces no debe ser obedecida, porque no es ley, ya que no es racional, como lo establecieron los diversos autores iusnaturalistas.

No obstante lo anterior, al pertenecer a un sistema de derecho escrito (legalista/iuspositivista) la ley que emana del proceso legislativo debe ser obedecida si cumple con todas las formalidades que se requieran para ello, es decir, la ley debe cumplirse por ser ley. Se abundará sobre esta última idea en el apartado final de este trabajo.

Especial referencia al Código Civil para la Ciudad de México

A fin de tener más elementos que sustenten la conclusión que se dará en el apartado final de este estudio es oportuno analizar algunas disposiciones del *Código Civil para la Ciudad de México* que ponen de manifiesto que el sistema jurídico mexicano tiene una ambivalencia ideológica y conceptual respecto a las doctrinas iuspositivistas y iusnaturalistas.

---

[85] Morales Hernández, *Principios Generales del Derecho*, 102.

En materia de bienes muebles el ordenamiento civil local dispone lo siguiente:

> Artículo 752. Los bienes son muebles *por su naturaleza* o por *disposición de la ley*.

> Artículo 753. *Son muebles por su naturaleza*, los cuerpos que pueden trasladarse de un lugar a otro, ya se muevan por sí mismos, ya por efecto de una fuerza exterior.

> Artículo 754. Son bienes muebles por determinación de la ley, las obligaciones y los derechos o acciones que tienen por objeto cosas muebles o cantidades exigibles en virtud de acción personal.

De la redacción del artículo 752 se colige la presencia de criterios iusnaturalistas y iuspositivistas al clasificar a los bienes muebles.

El artículo 753 del Código Civil regula los bienes muebles atendiendo estrictamente a su naturaleza (esencia), lo que pone de manifiesto una clara inclinación a la doctrina iusnaturalista.

La redacción del artículo 754 es claramente de influencia iuspositivista, ya que, considera bien mueble a "las obligaciones y los derechos o acciones que tienen por objeto cosas muebles o cantidades exigibles en virtud de acción personal". Doctrinalmente esta afirmación es incorrecta, porque los derechos personales implican la relación jurídica que se establece entre dos personas y que tiene por objeto los bienes, consecuentemente el derecho personal no puede ser considerado como bien. No obstante lo anterior, desde el punto de vista legal, son considerados como bienes muebles y por lo tanto tendrán esa naturaleza por disposición de la ley y se regularán conforme a las disposiciones de los mismos.

Conclusión

Del análisis realizado puede concluirse que el sistema jurídico mexicano es un *sistema híbrido,* en virtud de que en él interactúan principios, valores, postulados, conceptos y métodos interpretativos iusnaturalistas, pero también iuspositivistas.

Se considera que la ley debe ser racional para ser obligatoria y tener fuerza vinculante, sin embargo, al ser un sistema que parte de las ideas de las doctrinas legalistas, tampoco es posible desobedecer la ley fundamentando tal desobediencia en la autonomía de la voluntad, alegando que la norma no es racional. Entonces ¿aunque la ley sea irracional o injusta debe ser obedecida? ¿prevalece la legalidad sobre la justicia y la razón? La respuesta a estas interrogantes es un contundente *no*.

La ley humana –como lo estableció Santo Tomás– debe ser *justa* conforme a la ley natural,[86] pero determinar si una ley es justa o injusta, racional o irracional corresponde en nuestro sistema jurídico a los juzgadores, teniendo que observar para tal fin lo previsto por el artículo 14 constitucional, –específicamente el cuarto párrafo en materia civil–, y hacerlo a través de los medios adecuados para ello (p. ej. del Juicio Ordinario Civil, el Recurso de Apelación o del Juicio de Amparo).

Uno de los criterios que deberá observar el juzgador en materia civil para poder determinar si la ley es justa o no, es precisamente si es o no contraria al orden público, como lo establece el artículo 6 del Código Civil para la Ciudad de México:

> Artículo 6. La voluntad de los particulares no puede eximir de la observancia de la ley, ni alterarla o modificarla. Sólo pueden renunciarse los derechos privados que no afecten directamente al *interés público*, cuando la renuncia no perjudique derechos de terceros.

El sistema jurídico mexicano ha sufrido una evolución considerable y ha dejado de ser un sistema legalista absoluto, donde el culto a la ley ha dado paso a un sistema argumentativo (todavía en desarrollo) que involucra –como lo establecieron los filósofos de la Escolástica Medieval y del iusnaturalismo racionalista– a la razón como un elemento fundamental y herramienta del principio de hermenéutica jurídica como se colige del siguiente criterio judicial:

---

[86] Véase *supra*, p. 108.

IGUALDAD Y NO DISCRIMINACIÓN. FUNCIONES Y CONSECUENCIAS EN EL USO DEL PRINCIPIO DE RAZONABILIDAD.

La razonabilidad como principio aplicado al derecho, funge como herramienta: a) interpretativa, directiva o pragmática, en cuanto orienta la actividad de los creadores de las normas; b) integradora, en tanto proporciona criterios para la resolución de lagunas jurídicas; c) limitativa, ya que demarca el ejercicio de determinadas facultades; d) fundamentadora del ordenamiento, en cuanto legitima o reconoce la validez de otras fuentes del derecho; y, e) sistematizadora del orden jurídico. Además, dicho principio exige una relación lógica y proporcional entre los fines y los medios de una medida, por la cual pueda otorgársele legitimidad. Así, de dicha relación derivan las siguientes consecuencias: I) la razonabilidad reestructura la base de una serie de criterios de análisis que integran todos los juicios necesarios para comprender la validez de una medida; II) opera como pauta sustancial de validez y legitimidad en la creación normativa, en su aplicación e interpretación, y para esto, los juzgadores que tienen esta potestad deben analizar la norma de modo que ésta guarde una relación razonable entre los medios y los fines legítimos o constitucionales; además, para que la norma sea válida, es necesario que esté de acuerdo con las finalidades constitucionales o de derechos humanos y con sus principios. En este sentido, un completo control de razonabilidad debe incluir el examen acerca de la afectación a los derechos fundamentales y su contenido esencial; y, III) busca trascender la idea de que el control de razonabilidad es una mera ponderación o análisis de proporcionalidad, entre principios, ya que si bien ésta puede ser una propuesta plausible para la razonabilidad en la interpretación, en cuanto control material de constitucionalidad y derechos humanos, se trata más bien de una herramienta que pretende examinar la relación entre los medios y fines mediatos e inmediatos de una medida, que debe ser proporcionada, pero no se limita únicamente a esto; además, debe analizarse la legitimidad de la finalidad, pues no cualquier finalidad propuesta es compatible con la esencia y los fines de los derechos humanos de fuente nacional e internacional y el logro de sus objetivos [...].

Amparo directo en revisión 1387/2012. 22 de enero de 2014. Mayoría de cuatro votos de los ministros Arturo Zaldívar Lelo de Larrea, quien reservó su derecho a formular voto concurrente, José Ramón Cossío Díaz, quien reservó su derecho a formular voto concurrente, Alfredo Gutiérrez Ortiz Mena y Olga Sánchez Cordero de García Villegas. Disidente: Jorge Mario Pardo Rebolledo, quien formuló voto particular. Ponente: Olga Sánchez Cordero de García Villegas. Secretario: Ignacio Valdés Barreiro.[87]

La evolución actual del derecho mexicano debe atender a dos directrices principales –basándose fundamentalmente en las ideas de Santo Tomás–: *1)* Cuando se trate de resolver sobre disposiciones jurídicas intrascendentes para el derecho natural, deberán cumplirse estas si son claras y no son contrarias al orden público; mientras que, *2)* Si una disposición contraviene el derecho natural, se deberá cumplir este último. En este sentido los diversos operadores jurídicos, y de forma particular, los juzgadores –con énfasis en los titulares de los órganos judiciales en materia civil y familiar– deberán abandonar el criterio consistente en reducir la interpretación de la norma jurídica a su aplicación y transitar a un sistema argumentativo donde se atienda a los fines propios del Derecho, a los postulados de la razón y a los principios generales de derecho, para determinar no solo si determinada norma es aplicable a un caso concreto, sino que la misma sea racional y constituya una solución *justa* que contribuya al bien común, siendo este el fin último de la ley.

---

[87] Tesis: 1a. CCLXIII/2016 (10a.), Gaceta del Semanario Judicial de la Federación, 10ª Época, t. II, noviembre de 2016, p. 915, Tesis Aislada.

~

LA INCAPACIDAD CONSENSUAL COMO CAUSA DE NULIDAD MATRIMONIAL A LA LUZ DEL CANON 1095 DEL CÓDIGO DE DERECHO CANÓNICO

Carla Roel[1]
Universidad Panamericana

Introducción

El matrimonio católico ha sido, es y será indisoluble. Una vez que los contrayentes se entregan y se aceptan mutuamente mediante la manifestación de su consentimiento matrimonial, no hay manera humana de disolver esa alianza para toda la vida que constituye el matrimonio.

---

[1] Doctora en Derecho, profesora de la asignatura "Introducción al Estudio del Derecho", "Derecho de familia" y titular de la Cátedra de Cánones "Dr. Alberto Pacheco Escobedo" en la Facultad de Derecho de la Universidad Panamericana, campus México

No existe lo que muchos llaman *divorcio católico*. El matrimonio es válido o es nulo de origen, independientemente del éxito o el fracaso de la vida matrimonial. En este sentido, cualquiera de las causas de nulidad que establece el legislador, han de estar presentes al momento de la celebración para que el vínculo matrimonial no exista.

Para el Derecho matrimonial canónico, uno de los grandes avances de la segunda mitad del siglo XX ha sido el estudio de la estrecha relación entre el acto del consentimiento y la dimensión personal del contrayente. En occidente, esto coincide con la visión individualista de la persona y se ha desvinculado la verdad y el bien de la realidad, perdiendo la importancia del nexo entre el entendimiento y la voluntad, entre las circunstancias externas e internas y la autoposesión que debería tener la persona.[2]

La incapacidad para el matrimonio se mide por el grado de posesión de sí necesario para establecer una relación de conyugalidad, para asumir la condición de esposo o esposa. Se presume que la persona actúa libremente y es responsable de sus actos. En el tema que nos ocupa, se trata de comprobar si estuvo privada del dominio de sí y por qué su libertad quedó dañada. La incapacidad debe ser grave, indeclinable y basarse en la autoría de la persona en su actuar. Se está en presencia de la posibilidad de que el contrayente no tiene el equilibrio psíquico suficiente para donarse conyugalmente:[3]

> La cuestión, en síntesis, es la siguiente: el *hecho* de la anomalía psíquica puede causar un *efecto jurídico*: el defecto de capacidad consensual. Esta causalidad entre el *hecho psíquico* y este *efecto jurídico* no es automática, no ocurre siempre que se da el hecho de la anomalía psíquica. ¿Cómo saber cuándo ocurre este nexo de causalidad? ¿Cómo medir jurídicamente esa causalidad con el objeto de definir el defecto de capacidad consensual?[4]

---

[2]   *Cfr.* Juan Ignacio Bañares y Jordi Bosch (Ed.), *Consentimiento matrimonial e inmadurez afectiva* (Pamplona: Eunsa, 2007), 15 y ss.

[3]   *Cfr.* Bañares y Bosch, *Consentimiento matrimonial*, 23 y ss.

[4]   Pedro-Juan Viladrich, *El consentimiento matrimonial* (Pamplona: Eunsa, 1998), 20.

El matrimonio

El matrimonio, como realidad teórico-especulativa

El mundo de hoy ofrece varias versiones de cómo *debería* entenderse el matrimonio, haciendo que olvidemos lo que realmente *es*. El desencantamiento del hombre con la realidad que lo rodea nos ha llevado, como sociedad, a considerar como "normal" la patología social.

> El hombre, al que Dios ha creado 'varón y mujer', lleva impresa en el cuerpo, 'desde el principio', la imagen divina, varón y mujer constituyen como dos diversos modos del humano 'ser cuerpo' en la unidad de esa imagen.[5]

Para casarse se necesita tener una verdadera vocación al amor: para amar y ser amado en plenitud. "Dios ha creado al hombre a su imagen y semejanza,[6] llamándolo a la existencia *por amor,* lo ha llamado al mismo tiempo *al amor*".[7] Dentro del matrimonio, esto significa amar y ser amado en la feminidad-maternidad de la mujer y en masculinidad-paternidad del hombre. Como dice San Pablo en su Carta a los Efesios "el que ama a su mujer, se ama a sí mismo".[8]

San Pablo VI escribe que:

> [...] el amor conyugal, es ante todo amor plenamente *humano,* o sea, sensible y espiritual; no un simple impulso de instinto y sentimiento, sino también y principalmente, un acto de la voluntad libre. Es, además, amor *total,* lo cual significa una forma del todo especial de amistad personal, en la que los esposos comparten generosamente todo, sin reservas indebidas y cálculos egoístas. Es también amor *fiel y exclusivo* y hasta la muerte; una fidelidad que puede ser a veces difícil, pero que es siempre posible, siempre noble y meritoria, cosa que nadie puede negar. Es final-

---

[5] Juan Pablo II, *Audiencia general,* 2 de enero de 1980, n. 2.
[6] *Gn* 1, 26 y sigs.
[7] Juan Pablo II, *FC,* n.11.
[8] *Ef* 5, 28.

mente amor *fecundo*, que no se agota todo en la comunión entre los cónyuges, sino que está destinado a prolongarse, suscitando nuevas vidas.
Ésta es la verdad del amor matrimonial, expresada por el Magisterio para
nuestro tiempo.[9]

Para Javier Hervada, el matrimonio es una realidad natural y no una
realidad cultural.

> Decir que el matrimonio es una realidad natural quiere decir... que per-
> tenece a aquel núcleo de cosas que le han sido dadas –que pertenecen al
> estatuto creacional–, conocidas por el discernimiento, y no a aquellas
> que son producto de su inventiva.[10]

A pesar de que el matrimonio es una comunidad formada por el
consentimiento mutuo, tema que abordaremos en el siguiente punto, el
matrimonio está tan enraizado en la naturaleza humana que lo encontramos en todos los tiempos y en todos los lugares.[11]
Dice San Agustín que:

> [...] la primera alianza natural de la sociedad humana nos la dan, pues, el
> hombre y la mujer enmaridados. A los cuales no los crió Dios por sepa-
> rado, uniéndolos luego como si fueran alienígenas, sino que a la hembra
> creóla del varón, reponiendo así la significación y la virtud unitiva en el
> costado [...].[12]

A pesar de que existe una legalidad matrimonial en el sentido de que
cada sistema jurídico regula la institución matrimonial, esta "tiene una
estructura jurídica formada por el vínculo entre varón y mujer que los

---

9   Pablo VI, *HV*, n. 9, citado por Juan Pablo II, *Homilía de la Misa de la Jornada del Jubileo
    de la Familia*, 25 de marzo de 1984, n. 4.
10 Javier Hervada, *Diálogos sobre el amor y el matrimonio*, 3ª ed. (Pamplona: Eunsa,
    1987), 270.
11 *Cfr.* Germain Grisez, *The Way of the Lord Jesus: Living a Christian Life*, vol. 2 (Illinois:
    Franciscan Press, 1993), 555.
12 San Agustín, *Obras, Tratados Morales*, 2ª ed. (Madrid: BAC, 1983), 42.

hace marido y esposa, por los derechos y los deberes conyugales, por los principios informadores de la vida conyugal".[13]

El matrimonio es, también, la forma humana del desarrollo completo de la sexualidad. Si partimos de la base de que la condición sexuada –varón o mujer– es un elemento constitutivo de la persona humana, podemos afirmar que estamos frente:

> [...] al amor sexual: las personas unidas en cuanto sexualmente diversas y complementarias... el hombre ama a la mujer en cuanto mujer; ésta ama al marido en cuanto varón.[14]

Ahora bien, para Javier Hervada, el matrimonio podría definirse como:

> [...] una comunidad que forman varón y mujer, cuya estructura básica estriba en la unidad jurídica (no ontológica, que eso sería un craso error) en las naturalezas; dos naturalezas individualizadas y complementarias en lo accidental se integran entre sí, comunicándose ambas en lo que tienen de distintas, mediante una relación jurídica que las vincula y en cuya virtud cada cónyuge es copartícipe del otro en la virilidad y en la feminidad.[15]

Ignacio Bañares explica que:

> [...] matrimonio significa mujer y varón que son cónyuges, que participan y coposeen cada uno la masculinidad y feminidad del otro: que se dan y reciben de modo personal precisamente en cuanto diferentes y complementarios por su dimensión sexuada en orden a los fines de la unión conyugal.[16]

---

[13] Hervada, *Diálogos sobre el amor*, 285.
[14] Héctor Franceschi y Joan Carreras, *Antropología jurídica de la sexualidad* (Caracas: Btcabn, 2000), 159, disponible en www.bibliotecanonica.net/docsab/btcabn.pdf (fecha de acceso: 20 de mayo de 2013).
[15] Hervada, *Diálogos sobre el amor*, 199.
[16] Juan Ignacio Bañares, *La dimensión conyugal de la persona. De Antropología al Derecho* (Madrid: RIALP, 2005), 39.

La Iglesia en la Constitución *Gaudium et spes* establece que:

> Fundada por el Creador y en posesión de sus propias leyes, la íntima comunidad conyugal de vida y amor está establecida sobre la alianza de los cónyuges, es decir, sobre un consentimiento personal e irrevocable. Así del acto humano, por el cual los esposos se dan y se reciben mutuamente, nace, aun ante la sociedad, una institución confirmada por la ley divina. Este vínculo sagrado, en atención al bien, tanto de los esposos y de la prole como de la sociedad, no depende del arbitrio humano... Esta íntima unión, como mutua entrega de dos personas, lo mismo que el bien de los hijos, exigen plena fidelidad conyugal y urgen su indisoluble unidad.[17]

El actual Código de Derecho Canónico, promulgado el 25 de enero de 1983 por San Juan Pablo II, establece en su canon 1055 §1, siguiendo la doctrina conciliar que el matrimonio es:

> La alianza matrimonial, por la que el varón y la mujer constituyen entre sí un consorcio de toda la vida, ordenado por su misma índole natural al bien de los cónyuges y a la generación y educación de la prole, fue elevada por Cristo Señor a la dignidad de sacramento entre bautizados.

Sin importar lo que en la actualidad se entiende por matrimonio, este siempre ha de ser considerado como: *la unión de toda la vida, entre un solo hombre y una sola mujer para establecer una comunidad de amor y de vida, basada en el amor conyugal y la ayuda mutua, con la lógica consecuencia de la procreación y educación de los hijos.*[18]

---

[17] San Pablo VI, *Gauduim et spes (Constitución sobre la Iglesia en el Mundo Actual)*, 1967, n. 48.
[18] Propongo esta definición de matrimonio para los fines de este trabajo.

El matrimonio como comunidad de vida y amor

El matrimonio es:

> [...] un acto fundacional de entrega mutua y aceptación entre el varón y la mujer a título de justicia (*in fieri*), es unión jurídica una e indisoluble, y es vida en común cuya permanente ordenación hacia los fines esenciales es debida en justicia (*in facto esse*).[19]

El concepto *matrimonio in fieri* significa que está por hacerse. Se refiere al acto de contraer por el que ambos contrayentes se entregan y se reciben mutuamente, al momento de la celebración misma, del acto por el que el varón y la mujer, mediante la fórmula canónica respectiva, se entregan y se aceptan.[20] El matrimonio *in facto esse* literalmente hace referencia al matrimonio que *ya está hecho o constituido*. Estamos hablando de la sociedad conyugal o comunidad formada por marido y mujer.[21]

Dios, al crear al primer hombre y a la primera mujer, creó la primera comunidad conyugal de vida y amor. Así lo expresa el número 48 de la Constitución *Gaudium et spes* que acabo de citar.

Por *comunión* hemos de entender la disposición interna de comprensión y amor.[22]

---

[19] Viladrich, *El consentimiento matrimonial*, 31.

[20] Según el *Ritual para la Celebración del Sacramento del Matrimonio*, el sacerdote, tras el escrutinio, dice: "Apues, ya que quieren contraer santo Matrimonio, unan sus manos, y manifiesten su consentimiento ante Dios y su Iglesia". Los novios se toman de la mano derecha y proclaman su *consentimiento matrimonial* mediante la recitación, primero el novio y luego la novia, de la fórmula canónica: "Yo, NN, **te recibo a ti**, NN, como mi esposa y **me entrego a ti** y prometo serte fiel en la prosperidad y en la adversidad, en la salud y en la enfermedad, y así amarte y respetarte todos los días de mi vida. Yo, NN, **te recibo a ti**, NN, como mi esposo y **me entrego a ti** y prometo serte fiel en la prosperidad y en la adversidad, en la salud y en la enfermedad, y así amarte y respetarte todos los días de mi vida".

[21] *Cfr.* Juan Fornes, citado por Juan Pablo Alcocer Mendoza, "Un estudio antropológico jurídico de la incapacidad de asumir las obligaciones del matrimonio por causas de naturaleza psíquica en la Iglesia del siglo XXI" (Tesis doctoral en Filosofía del Derecho, México, Universidad Anáhuac, 2008), 26.

[22] *Cfr.* Juan Pablo II, *Del Discurso Doy gracias al Señor*, 28 de octubre de 1979, n. 4.

La comunidad de vida y amor es la actualización de que el hombre y la mujer son una sola carne, "de la unidad de naturalezas deriva la conformación del matrimonio como comunidad de vida y amor".[23] La unión de dos personas –siempre un solo hombre con una sola mujer– implica la unión de dos historias personales, de dos futuros, de dos destinos, que juntos, forman la célula de la Iglesia doméstica: la familia.

Fundar un matrimonio implica asumir aquí y ahora todo el futuro conyugal como identidad biográfica recíprocamente debida entre los esposos.

El matrimonio es un *proyecto de vida* que busca el bien de ambos esposos, que se realiza mediante "actos reiterados con aquel sentido de continuidad que se deriva de expresar deberes y responsabilidades recíprocos permanentes".[24]

El consentimiento matrimonial

El canon 1057 a la letra dice:

> 1057 §1. El matrimonio lo produce el consentimiento de las partes legítimamente manifestado entre personas jurídicamente hábiles, consentimiento que ningún poder humano puede suplir.

> §2. El consentimiento matrimonial es el acto de la voluntad, por el cual, el varón y la mujer se entregan y aceptan mutuamente en alianza irrevocable para constituir el matrimonio.

Dice Viladrich que "sólo se puede dar aquello que se tiene".[25] Él lo refiere al consentimiento matrimonial, partiendo del consentimiento interno que, según el §2 del canon 1057, consiste en el acto de voluntad por el que el hombre y la mujer se dan y se aceptan mutuamente, que

---

23   Hervada, *Diálogos sobre el amor*, 267.
24   Viladrich, *El consentimiento matrimonial*, 30.
25   Viladrich, *El consentimiento matrimonial*, 19.

requiere, previamente la capacidad de gobernarse y autoposeerse.[26] Es un acto personalísimo.[27]

Sabemos que el matrimonio nace al mundo del Derecho por el poder fundacional de su única causa eficiente: el consentimiento. Este es, ante todo, un acto humano. Esto significa que la inteligencia tiene que conocer y presentarle a la voluntad, para que esta quiera y decida libremente, siendo el objeto que persiga, el fundar un matrimonio.

El *ius connubii* es universal. Esto quiere decir que todas las personas, de todos los tiempos y de todos los lugares, tienen el derecho fundamental a contraer matrimonio, si así lo desean. El ejercicio de este derecho requiere de un consentimiento basado en un conocimiento mínimo de lo que es el matrimonio. El canon 1096 establece ese mínimo al decir que los contrayentes han de entender, querer y asumir que el matrimonio es un consorcio permanente entre un hombre y una mujer que requiere de cierta cooperación sexual en virtud de la orientación del mismo hacia la procreación.

Solo el consentimiento humano constituye consentimiento *personal* para contraer matrimonio y no puede ser suplido por poder humano alguno. Siendo el hombre un ser libre y personal, solo del consentimiento libre puede producirse una unión tan íntima. Únicamente la libre donación de sí puede hacer que cada cónyuge sea coposeedor del otro.[28]

El consentimiento, en cuanto humano, ha de ser un *acto responsable*, ya que los contrayentes asumen, aquí y ahora, todo el fuero conyugal, como identidad biográfica de esposos.

Solo a través del compromiso mutuo y del vínculo que surge de este, los esposos son capaces de realizar su amor. Esta mutua vinculación solo se produce por la decisión libre, voluntaria y personal, de entregarse a sí mismo, en el momento querido, como esposo y esposa y recibir al otro como esposa o esposo. El pacto conyugal exige un acto de donación de sí mismo.[29]

---

[26] *Cfr.* Viladrich, *El consentimiento matrimonial*, 19.
[27] *Cfr.* José Castaño, *Guía para abogados en las causas de nulidad matrimonial* (Madrid: Sanesteban, 2001), 73.
[28] *Cfr.* Hervada, *Diálogos sobre el amor*, 193.
[29] *Cfr.* Hervada, *Diálogos sobre el amor*, 58 y 59.

Como bien dice Héctor Franceschi en su *Antropología jurídica de la sexualidad,* el hombre es el único ser capaz de fijarse sus propios fines, de manera que todo hombre fija para sí mismo su proyecto existencial.[30]

Una vez elegido el matrimonio, el hombre se adelanta al tiempo y abraza el futuro en un solo acto de presente mediante el compromiso matrimonial, ya que supone no solo una decisión de sentido, sino la decisión de deberse a la finalidad establecida y a los medios necesarios para alcanzarlos.[31]

El consentimiento matrimonial es el *elemento fundamental* del matrimonio. Para San Juan Pablo II:

> [...] ese consentimiento no es más que la asunción consciente y responsable de un compromiso mediante un acto jurídico con el que en entrega recíproca, los esposos se prometen amor total y definitivo [...] en el momento en que realizan ese acto, instauran un estado personal en el que el amor se transforma en algo debido, también con valor jurídico.[32]

El matrimonio es, entonces, "obligación jurídica, que representa un amor que por el compromiso se ha hecho una relación de justicia".[33] Como mencioné anteriormente, ningún poder humano ajeno a los contrayentes puede convertirlos en esposos. Para esto es necesario su consentimiento.

El matrimonio *no es* sin el acto que lo funda. Ser esposos es una coidentidad humana profundísima. La capacidad consensual es la posesión actual de un poder fundador, mediante la manifestación del consentimiento a través de un signo nupcial verdadero, mediante la capacidad aquí y ahora entre el varón y la mujer de darse y aceptarse mutuamente en una unión biográfica resultado de su complementariedad sexual y la capacidad de obligarse aquí y ahora a los hábitos conyugales esenciales

---

[30] *Cfr.* Franceschi y Carreras, *Antropología jurídica*, 65.

[31] *Cfr.* Bañares, *La dimensión conyugal*, 18.

[32] Juan Pablo II, *Discurso a la Rota Romana*, 21 de enero de 1999, citado en Bañares, *La dimensión conyugal de la persona*, 76.

[33] *Cfr.* Hervada, *Diálogos sobre el amor*, 80.

de aquellos actos de por sí idóneos para la debida ordenación del consorcio hacia sus fines esenciales.[34]

El Cardenal Urbano Navarrete Cortés, S.J. sostiene que el consentimiento matrimonial es una realidad psicológica y jurídica y no constituye un acto de amor, sino un acto de voluntad negocial, en consecuencia, siendo la causa eficiente de la alianza matrimonial de voluntad negociado.[35]

Además, el consentimiento ha de ser *mutuo,* es decir, ambos contrayentes han de consentir sobre el mismo objeto del contrato que en este caso son las personas mismas de los contrayentes, la apertura a la procreación y la comunidad de vida y amor. Este consentimiento supone un conocimiento mínimo del matrimonio, que en un principio ha de ser teórico, especulativo y, posteriormente un conocimiento práctico, concreto. Esto es necesario para que los contrayentes sean capaces de entender, querer y asumir los aspectos humanos, éticos y jurídicos del matrimonio con persona determinada.[36]

El consentimiento matrimonial es un acto de la voluntad deliberado y libre de personas jurídicamente hábiles que se traduce en un *yo quiero.*

La voluntariedad del acto de consentir debe ser adecuada para el don de sí y la aceptación del otro –el varón a la mujer y viceversa– para constituir el consorcio de toda la vida.[37]

Como puntualmente lo dice Javier Hervada:

> [...] la diferencia entre una esposa y una amante no es tener o no en reglas unos papeles con el sello del Estado. No son los timbres ni las inscripciones en el Registro Civil los que señalan la diferencia entre lo honesto y lo inmoral, entre la virtud y el vicio.[38]

Es necesario la voluntad libre, deliberada, informada de la realidad del matrimonio y de su expresión externa en tiempo y forma para constituir

---

[34] *Cfr.* Viladrich, *El consentimiento matrimonial,* 30 y ss.

[35] *Cfr.* Alcocer Mendoza, "Un estudio antropológico...", 22.

[36] *Cfr.* Carlos Warnholtz Bustillos, *Manual de Derecho Matrimonial Canónico* (Ciudad de México: UPM, 1994), 141 y ss.

[37] *Cfr.* Viladrich, *El consentimiento matrimonial,* 21.

[38] Hervada, *Diálogos sobre el amor,* 213.

esa alianza entre un varón y una mujer en un consorcio de toda la vida ordenada al bien de los cónyuges y a la procreación y educación de los hijos.

Este consentimiento matrimonial que es un acto de voluntad –personal y responsable– de un varón y una mujer, que presupone un acto de la inteligencia ya que el conocimiento es condición para el amor. Partiendo del axioma *la voluntad no puede desear nada si antes no ha sido percibido por la inteligencia*[39], el consentimiento puede estar viciado, ya sea a causa del conocimiento o a causa de la voluntad. Ahora bien, mediante ese acto de voluntad, el varón y la mujer se entregan y se aceptan mutuamente en alianza irrevocable para darle vida al matrimonio.

Para que el consentimiento sea jurídicamente vinculante y el matrimonio se contraiga válidamente, las personas que consientan han de ser jurídicamente hábiles –libres de impedimentos y con capacidad de comprometerse para toda la vida en esa alianza irrevocable– y capaces de manifestar dicho consentimiento –interno– legítimamente.

El consentimiento matrimonial se traduce en un *yo quiero y lo que quiero es el matrimonio con esta persona (varón o mujer) en particular a exclusión de todas las demás* con todo lo que esto supone. Es decir, implica un conocimiento del matrimonio. Como ya lo dije, este conocimiento es primero especulativo, teórico.[40] Pero se concretiza mediante la razón práctica cuando, mediante un acto del entendimiento –que me presenta la bondad del matrimonio y a la persona que me mueve a la acción– y, la voluntad decide *quiero contraer matrimonio con esa persona y solo con ella*.

El consentimiento matrimonial en el canon 1095

Para Viladrich, hay tres dimensiones del matrimonio contenidas en la voluntariedad del consentimiento, que son esenciales. Si falta una de estas dimensiones se provoca una insuficiencia del poder eficiente de fundar un matrimonio válido:

a. La capacidad para el acto humano de expresión del signo nupcial. Ser esposo o esposa no es algo que nos sucede, no ocurre

---

[39] *Nihil volitum quin peaecognitum.*
[40] Warnholtz, *Manual de Derecho Matrimonial*, 142.

con la pubertad o con la mayor edad, no es resultado de un acto de otra persona, es un acto personalísimo.

b. La capacidad para generar con los actos los hábitos con los que el consorcio vive su normal ordenación a los fines, es decir, *ser esposo* es una coidentidad profundísima, que define al varón como *el que pertenece a ésta, su mujer*. Esta coindentidad conyugal es exclusiva de ellos –unidad– y, al contener una propia totalidad cobiográfica irrepetible singular, es para toda la vida –indisolubilidad–.

c. La capacidad para definirse o constituirse en identidad de *esposo*. Esta incluye el común proyecto de vida, cuyo contenido objetivo es la búsqueda conjunta del bien conyugal y la procreación. Los cónyuges realizan reiteradamente actos que expresan deberes y responsabilidades recíprocas.[41]

En el siguiente punto, haré un análisis de la capacidad consensual partiendo de cada uno de los supuestos contenidos en el canon 1095, pero vale la pena resaltar que, en el número 2, refiriéndose al *grave defecto de discreción de juicio*, el legislador se adentra en el consentimiento interno. La dimensión de la voluntariedad del consentimiento es la proporcionada para fundar el vínculo conyugal concreto entre un hombre y una mujer en particular. Han de tener la capacidad de la mínima comprensión verdadera del significado de la masculinidad y la feminidad como dimensiones de la persona susceptibles de darse y aceptarse recíprocamente, así como de la capacidad de la voluntad de darse al otro como suyo y recibir al otro como mío.[42]

Obviamente, la elección del cónyuge forma parte esencial de la libertad de los contrayentes. Esta elección ha de ser libérrima y personalísima y es esencial para el feliz éxito de la vida conyugal. Elegir con quien vamos a crear la comunidad de vida y amor más íntima, es una decisión fundamental en el proyecto vital de las personas.

---

[41] *Cfr.* Viladrich, *El consentimiento matrimonial*, 29 y ss.
[42] *Cfr.* Viladrich, *El consentimiento matrimonial*, 40-41.

El supuesto de hecho: el canon 1095

La falta de consentimiento matrimonial por incapacidad de la persona que pretende contraer está establecida en el canon 1095, que a la letra dice:

> 1095. Son incapaces de contraer matrimonio:
> 1º quienes carecen de suficiente uso de razón:
> 2º quienes tienen un grave defecto de discreción de juicio acerca de los derechos y deberes esenciales del matrimonio que mutuamente se han de dar y aceptar;
> 3º quienes no pueden asumir las obligaciones esenciales del matrimonio por causas de naturaleza psíquica.

Paolo Bianchi considera que los puntos 1 y 2 contienen formulaciones novedosas, en cuanto a la legislación positiva se refiere, de principios de Derecho Natural.[43]

El propósito de este canon es regular los efectos que los trastornos psíquicos sobre la capacidad interna del contrayente para que pueda prestar un consentimiento suficiente para que sea válido el matrimonio. Como bien lo establece Viladrich, no es materia del Derecho matrimonial canónico la definición de salud mental, ni la clasificación de sus enfermedades y anomalías. Lo que le incumbe es la definición y la tutela de la validez del consentimiento. Esta es la novedad de este canon: que el legislador, partiendo del trastorno psíquico, analiza cómo puede afectar de manera suficiente las facultades intelectivas, volitivas y psicosomáticas que el sujeto pone en juego, armónicamente, al momento de otorgar un consentimiento válido.[44]

El legislador deja a un lado cualquier definición médico-psiquiátrica y establece tres criterios jurídicos que definen la capacidad consensual específica para el matrimonio: el suficiente uso de razón, la discreción de juicio y el poder asumir las obligaciones esenciales del matrimonio. Estos tres criterios contienen un sentido positivo –ofreciendo la definición del contenido esencial de la capacidad para el consentimiento matrimonial–

---

[43] *Cfr*. Paolo Bianchi, *¿Cuándo es nulo el matrimonio?* (Madrid: Eunsa, 2005), 157.
[44] *Cfr*. Viladrich, *El consentimiento matrimonial*, 20.

y, uno negativo –señalando la falta de autoposesión y de autogobierno que implican una incapacidad psíquica para consentir válidamente–.[45]

Según el canon 1058 pueden contraer matrimonio todos aquellos a quienes el derecho no se los prohíba.

La falta de uso de razón

El Código trata aquí los vicios del entendimiento. Como dije anteriormente, para querer hay que conocer. Si se carece del suficiente uso de razón para entender lo que es el matrimonio y qué implica, es sumamente difícil que el acto de la voluntad que se conoce como *consentimiento* sea suficiente para ser el acto fundante del matrimonio. Se trata de la capacidad de comprender los derechos y deberes del matrimonio en sentido abstracto.[46]

Como lo establece el canon 1104, el signo nupcial es la manifestación del consentimiento que exige un acto de aquí y ahora. No se trata aquí del matrimonio de infantes, como el Código se refiere a los que por su edad evolutiva, menor de 7 años, no alcanza el uso de razón. Aquí, el legislador se refiere a la relación de causalidad entre el hecho psíquico y la insuficiencia actual del uso de razón.

La medida de la medida jurídica, relativa al uso de razón, es *suficiente*, lo que abarca la carencia completa del uso de razón. En este sentido, Viladrich sugiere tres reglas para medir la "suficiencia":

a. Puede tener cierto uso de razón que no sea suficiente para que la persona sea capaz de contraer válidamente. Por ejemplo, retraso mental.

b. Padecer cierta deficiencia del uso de razón. Por ejemplo, estados depresivos leves o moderados o cierta euforia etílica.

---

45 *Cfr.* Viladrich, *El consentimiento matrimonial*, 20.
46 *Cfr.* Viladrich, *El consentimiento matrimonial*, 158.

c.   No se trata del uso de razón que se alcanza presumiblemente a partir de los siete años, sino del nivel de uso de razón suficiente para entender y querer el acto nupcial concreto.[47]

2. *La falta grave de discreción de juicio*

Para Carlos Warnholtz, "la discreción de juicio está en la esfera valorativa práctica de la voluntad"[48], mientras que para Laurence G. Wrenn, la discreción de juicio, en la jurisprudencia, se entiende no solo como una facultad de la inteligencia, sino también de la voluntad: el entendimiento ha de hacer una evaluación madura –percibe, valora críticamente y juzga– y la voluntad ha de tomar libremente la decisión.[49]

La discreción de juicio supone la capacidad de asumir las obligaciones que se adquieren, es decir, madurez de personalidad.[50] Para el Dr. Viladrich:

> [...] el objeto y el título del consentimiento matrimonial... requieren de un grado de madurez del contrayente superior no sólo al mero uso de razón sino también al necesario para muchos negocios de la vida... La expresión 'discreción de juicio' no se refiere tanto a la riqueza cognoscitiva o percepción intelectual suficiente, cuanto a aquel *grado de madurez personal* que permite al contrayente discernir para comprometerse acerca de los derechos y deberes matrimoniales esenciales.[51]

La discreción de juicio supone dos cosas: primero, que la prestación del consentimiento ha de estar basada en la comprensión abstracta de los derechos y deberes conyugales y en una valoración práctica de su contenido obligatorio que se extiende a toda la vida conyugal y; en segundo

---

[47]   *Cfr.* Viladrich, *El consentimiento matrimonial*, 36 y 37.
[48]   Warnholtz, *Manual de Derecho Matrimonial*, 148.
[49]   *Cfr.* Lawence G. Wrenn, *The Invalid Marriage* (Washington: Canon Law Society of America, 1998), 25.
[50]   *Cfr.* Warnholtz, *Manual de Derecho Matrimonial*, 149.
[51]   Warnholtz, *Manual de Derecho Matrimonial*, 149.

lugar, requiere una mínima libertad interior para asumir los derechos y deberes conyugales.[52]

Es aquí donde el Derecho ha de auxiliarse de otras ciencias, como dije, el legislador no se ocupa de la definición del trastorno mental.

San Juan Pablo II dijo en su *Discurso a la Rota Romana* en 1987:

> Para el canonista debe quedar claro el principio de que solo la incapacidad, y no ya la *dificultad* para prestar el consentimiento y para realizar la verdadera comunidad de vida y amor, hace nulo el matrimonio. El fracaso de la unión conyugal, por otra parte, no es en sí mismo jamás una prueba para demostrar la incapacidad de los contrayentes, que pueden haber descuidado, o usado mal, los medios naturales y sobrenaturales a su disposición, o que pueden no haber aceptado las limitaciones inevitables y el peso de la vida conyugal, sea por un bloqueo de naturaleza inconsciente, sea por leves patologías que no afectan a la sustancial libertad humana, sea por fin por deficiencias de orden moral. La hipótesis sobre una verdadera incapacidad solo puede presentarse en presencia de una seria anomalía que, sea como sea se la quiera definir, debe aceptar sustancialmente a la capacidad del entendimiento y/o de la voluntad del contrayente.[53]

La incapacidad de otorgar un consentimiento suficiente, válido, es un defecto jurídico grave, la causa de hecho del defecto es la anomalía psíquica. Jurídicamente, el nexo de causalidad proporcionada corresponde a la necesidad de explicar la existencia de una incapacidad, que no es un estado normal para un ser humano, que naturalmente, está inclinado al matrimonio.[54]

La *gravedad* jurídica, dice Viladrich, se refiere al efecto jurídico final de la anomalía psíquica, es decir, al momento mismo de contraer matrimonio. Abarca el entendimiento práctico y la voluntad de la persona

---

[52]   *Cfr.* Bianchi, *¿Cuándo es nulo el matrimonio?*, 159.
[53]   A.S.S. 79 (1987), 1456-1459.
[54]   *Cfr.* Viladrich, *El consentimiento matrimonial*, 25.

como poder de autoimponerse obligaciones y ejercer los derechos matrimoniales.[55]

Desde el punto de vista jurídico, *madurez* hace referencia al grado de desarrollo de la persona, pero solo importa si impacta directamente en la libertad para consentir y la justicia.[56]

La imposibilidad de asumir las obligaciones esenciales del matrimonio por causa de naturaleza psíquica

La capacidad de asumir requiere un grado mínimo suficiente de percepción racional de lo que es el matrimonio en cuanto proyecto de vida común y un grado suficiente de gobierno de sí y de las conductas conyugales. Se trata de asumir, aquí y ahora, la obligación jurídica de realizar los actos futuros idóneos y necesarios para la obtención de los fines objetivos del matrimonio. Esta ordenación es el vínculo conyugal visto desde el punto de vista dinámico.[57] "Asumir no es garantizar el éxito, sino comprometer aquí y ahora el sincero intento de poner esos actos".[58]

Como dije anteriormente, nadie está obligado a lo imposible y la imposibilidad de asumir es:

> [...] el defecto de suficiente posesión del sujeto sobre sí, en cuya virtud no puede aquí y ahora, en el acto de contraer, comprometer la obligación de ordenar su vida en la forma que es propia a la condición esencial de esposo.[59]

El criterio para medir la imposibilidad de asumir no es la personalidad del otro, sino los contenidos de las obligaciones esenciales del matrimonio, que son los mismos para todo matrimonio válido y que dan un criterio objetivo, real y verdadero.[60]

---

[55] *Cfr.* Viladrich, *El consentimiento matrimonial*, 45.
[56] *Cfr.* Bañares y Bosch, *Consentimiento matrimonial*, 25.
[57] *Cfr.* Viladrich, *El consentimiento matrimonial*, 49.
[58] Viladrich, *El consentimiento matrimonial*, 49.
[59] *Cfr.* Viladrich, *El consentimiento matrimonial*, 51.
[60] *Cfr.* Viladrich, *El consentimiento matrimonial*, 53.

Otra vez, la *gravedad* es jurídica y se refiere al defecto anómalo de la condición natural de asumir. La causa ha de ser de naturaleza psíquica tan grave para que la persona se encuentre imposibilitada para asumir sus obligaciones conyugales esenciales. El nexo de causalidad entre la anomalía psíquica y la imposibilidad de asumir, aún y cuando el concepto jurídico de *causa psíquica* es más amplio que el trastorno psicológico en las ciencias médicas, el jurista debe tener presente siempre, la relación causal.[61]

Es importante distinguir entre la imposibilidad de asumir en el momento (*in fieri*) y la dificultad de cumplir a lo largo de la vida matrimonial (*in facto esse*), a pesar de que la evidencia fáctica de la imposibilidad va apareciendo cuando se tienen que cumplir las obligaciones asumidas.[62]

De la lectura del canon que nos ocupa, se desprende que nunca se hace mención expresa a la inmadurez afectiva como causa de nulidad a pesar de constituir el capítulo de nulidad que se alega en la mayoría de los casos que se presentan en muchos tribunales del mundo.[63] La *madurez* no es un concepto jurídico, sino que hace referencia a un grado de desarrollo suficiente para realizar un acto, asumir un estado o cumplir las obligaciones responsablemente.[64] La expresión inmadurez afectiva o emocional es ambigua y no ha de confundirse con los conceptos jurídicos de *grave discreción de juicio o imposibilidad de asumir por causa de naturaleza psíquica*.[65]

Este término se emplea para hacer referencia a un amplio conjunto de supuestos de hecho psicológicos y manifestaciones de comportamiento anómalos, a través de las cuales la persona muestra insuficiente responsabilidad a la hora de vivir y cumplir las exigencias de la vida matrimonial. Estas manifestaciones pueden ser hechos cuyo origen sin las causas psíquicas que dan origen a la incapacidad consensual.

En algunos casos de inmadurez emocional o afectiva hay una "frecuente conexión de hecho entre la inmadurez emocional y la fragilidad

---

61 *Cfr.* Viladrich, *El consentimiento matrimonial*, 53-55.

62 *Cfr.* Viladrich, *El consentimiento matrimonial*, 58.

63 Entrevista realizada con el Pbro. Carlos Jean Riquelme, Vicario Judicial Adjunto del Tribunal Metropolitano Eclesiástico de México, el 5 de mayo de 2021, por vía digital.

64 *Cfr.* Javier Hervada, "Esencia del matrimonio y consentimiento matrimonial". En Javier Hervada, *Una Caro, escritos sobre el matrimonio* (Madrid: Eunsa, 2000), 646.

65 *Cfr.* Hervada, "Esencia del matrimonio...", 107.

interior para actuar libremente, con propensión a caer en estados de angustia y ansiedad por pérdida de libertad".[66] Por otro lado, es posible que las faltas de suficiente gobierno de sí en cuanto movimientos desproporcionados, incontrolados, contradictorios, inestables de la propia emotividad sean calificados como la causa de naturaleza psíquica que provoca el grave defecto de discreción de juicio que afecte la capacidad de vincularse aquí y ahora o; en caso de que, la inmadurez prive a la persona de la capacidad de proyectarse al futuro y solo se perciba y se viva en el presente, situación que le impide asumir las obligaciones esenciales propias de la vida conyugal.[67]

La causa de nulidad

La noción de validez del matrimonio es compatible con las imperfecciones y defectos que la inmensa mayoría de fieles tenemos y que contraemos matrimonio.

Para que cualquiera de los supuestos mencionados anteriormente constituya una causa de nulidad, ha de ser: antecedentes, que existan al momento de contraer; *grave*, que impida la capacidad consensual del contrayente; *perpetua* o imposible de sanar por métodos ordinarios y; *relativa,* basta que la persona que la padece no pueda realizar el consorcio de toda la vida con la persona con la que se pretende contraer, aunque puede ser *absoluta* en el sentido que impida al paciente consentir el matrimonio y cumplir con sus obligaciones esenciales.

La falta de uso de razón se refiere a la incapacidad actual del mismo acto de consentir, aquí y ahora el signo nupcial. Esta relación causal entre el hecho psíquico y la insuficiencia actual del uso de razón puede invocarse cuando la persona padece retraso mental profundo, enfermedades mentales graves habitualmente, estados puntuales de embriaguez aguda, intoxicación aguda por sustancias psicotrópicas, sobredosis de fármacos, etc.

"Anomalía psíquica e incapacidad consensual son realidades independientes, no coinciden siempre y no deben confundirse. A su vez, la capa-

---

66 Hervada, "Esencia del matrimonio...", 108.
67 *Cfr*. Hervada, "Esencia del matrimonio...", 107-108.

cidad consensual y la anomalía psíquica son realidades compatibles".[68] San Juan Pablo II decía que:

> [...] el diálogo y una comunicación constructiva entre el juez y el psiquiatra o psicólogo resultan más fáciles si para las dos partes el punto de partida se sitúa en el horizonte de una antropología común, de tal manera que, aun dentro de la diversidad de método, intereses y finalidades, cada visión se mantenga abierta a la otra.[69]

Cuando uno se enfrenta al caso en particular, a la narración que el fiel hace de los hechos, no se puede confundir la anomalía psíquica con la incapacidad consensual.[70]

Tanto el grave defecto de discreción de juicio como la imposibilidad de asumir son defectos de capacidad habituales y duraderos, sobre todo en cuanto se refiere a la inmadurez que producen. La incapacidad consensual requiere sustentarse sobre una causa de naturaleza psíquica, es aquí donde la pericia médico-psiquiátrica ha de situarse. Para el jurista, Viladrich recomienda las siguientes reglas al buscar una causa de nulidad basada en este capítulo:

a. Definir la naturaleza psíquica de la causa, sus efectos sobre el contrayente concreto y su antecedencia al matrimonio;

b. Probar el nexo de causalidad entre la causa psíquica y la incapacidad que se invoca. Para esto es necesario establecer qué dimensión de la voluntariedad resulta afectada;

c. Valorar el continuo biográfico de la persona, lo que implica el estudio de su vida personal, conyugal, familiar, social y profesional afectadas y probar los hechos, actos, conductas y comportamientos que muestran la afección psíquica;

---

[68] Viladrich, *El consentimiento matrimonial*, 23.
[69] San Juan Pablo II, *Alocución a la Rota Romana de 1987*, n. 3.
[70] *Cfr.* Viladrich, *El consentimiento matrimonial*, 23.

d.   El dictamen pericial ha de encuadrarse sin contradicciones inexplicables, con los resultados de la confesional, la documental y la testimonial, sobre todo de aquellos testigos que estén en un círculo de intimidad de la persona en diversas etapas de su vida. Aquí adquiere importancia probatoria los incidentes clínicos que se hayan presentado en otros momentos, en donde no hubo sospecha de un futuro juicio de nulidad matrimonial;

e.   Si no es posible encontrar el nexo causal entre la anomalía psíquica y la incapacidad consensual, habrá que explicarlo de manera puntual;

f.   El perito médico psiquiatra o psicólogo no califica la causa de nulidad, sino que debe diagnosticar y pronosticar la anomalía psíquica. El defecto consensual es una valoración jurídica que ha de realizar el juez, e;

g.   Invocar cualquier supuesto de hecho del canon 1095 sin que existan evidencias causales y proporcionadas entre el fracaso de la vida matrimonial, la anomalía psíquica y la causa de la incapacidad consensual, hace dudar sobre el acierto de la calificación jurídica y llevar a pensar que el tribunal *anula* un matrimonio válido y no *declara nulo* el vínculo jurídico conyugal que nunca existió.[71]

Conclusión

Cierta sección de la doctrina, que entiende que el matrimonio es solo el consorcio de vida, ha encontrado elementos esenciales que, si fallan en el plano vital, se decretaría nulo el matrimonio. Como bien dice Hervada, estas propuestas "esconden un sistema divorcista encubierto bajo el manto de un sistema de nulidad".[72] Y lo hacen al establecer que toda disfunción de la personalidad que afecte la conducta es un defecto consensual, de manera que la ruptura del matrimonio por falta del buen

---

[71]   *Cfr.* Viladrich, *El consentimiento matrimonial*, 110-113.
[72]   Hervada, "Esencia del matrimonio…", 649.

éxito de la vida matrimonial, pueda llevar a *anular* el vínculo conyugal. No se trata de establecer el nexo causal entre la anomalía psíquica que produce el defecto consensual, sino de establecer la existencia de virtudes –o defectos– y actitudes que dificultan la relación conyugal. Esta postura doctrinal ha hecho mella en el Derecho matrimonial canónico: en los últimos años se ha presentado un fenómeno que llama la atención de teólogos y canonistas: la excesiva utilización y/o abuso de los supuestos de hecho contenidos en el canon 1095.[73] Y este es un fenómeno global: se considera que en el Tribunal Eclesiástico Metropolitano de México, un poco más del setenta por ciento de las declaraciones de nulidad que se tramitan se fundan en este canon.[74] De acuerdo con la Dra. Rosa Corazón, defensora del vínculo del Tribunal Eclesiástico de Madrid, esta causal se alega en el sesenta por ciento de los casos.[75] En cambio, en el Tribunal Eclesiástico piamontés, representó cerca del sesenta y cinco por ciento de los casos.[76]

En cambio, si seguimos la exégesis que aquí propuse, podremos acercarnos a la verdad jurídica de la validez o la nulidad del vínculo conyugal. Por tanto, es necesario distinguir con claridad lo que contribuye al éxito de la vida matrimonial y lo que constituye una causa de nulidad.[77] La capacidad consensual por normalidad psíquica ha sido establecida en unos lineamientos jurídicos simples: el suficiente uso de razón, la discreción de juicio y la capacidad de asumir las obligaciones que surgen del vínculo jurídico que nace del consentimiento matrimonial válido.

---

[73] Carla Roel, "El Expediente Matrimonial uniforme dirigido a evitar posibles nulidades matrimoniales" (Tesis doctoral, Universidad Panamericana, México, 2017), 342.

[74] Entrevista realizada a Paula Reyes Ibañez, auditora del Tribunal, el lunes 12 de julio de 2021, por vía digital.

[75] Información proporcionada por correo electrónico el 27 de abril de 2019.

[76] Información proporcionada por Mons. Sergio Montoya vía correo electrónico el 16 de julio de 2017.

[77] *Cfr*. Hervada, "Esencia del matrimonio…", 628.

~

LA TEORÍA DE LOS RIESGOS EN EL CÓDIGO CIVIL PARA EL DISTRITO FEDERAL, VIGENTE Y APLICABLE EN LA CIUDAD DE MÉXICO

José Antonio Sánchez Barroso[1]
Universidad Panamericana

Introducción

La consecuencia natural de las obligaciones es su cumplimiento en la forma y términos que establezcan la ley o las partes, según corresponda. Con base en esta idea fundamental del Derecho patrimonial, el legislador ha promulgado tres tipos de normas: en primer lugar, normas ten-

---

[1] Doctor en Derecho con Mención Honorífica por la Universidad Nacional Autónoma de México, profesor titular de la asignatura "Sucesiones" en la Facultad de Derecho de la Universidad Panamericana, campus México, y miembro del Sistema Nacional de Investigadores nivel 1.

dientes a que el acreedor pueda ver satisfecho su interés jurídicamente protegido, o sea, su derecho subjetivo concediéndole diversas acciones, tales como: la de cumplimiento forzoso, por no hacerlo voluntariamente el obligado; la de nulidad, en la simulación fraudulenta; la oblicua, por omisiones dolosas del deudor; la pauliana, por actos que provocan la insolvencia de aquél; etcétera.

En segundo lugar, normas que prevén, de manera anticipada y prudencial, algunas situaciones que eventualmente pueden presentarse entre el nacimiento y la extinción de la obligación con el ánimo de mantener la igualdad que rige la justicia conmutativa entre los particulares. Como ejemplo de este tipo de normas están: las que contemplan acontecimientos extraordinarios que hacen más onerosa una obligación y, por tanto, más difícil su cumplimiento, la llamada Teoría de la Imprevisión y; las que se refieren a acontecimientos inevitables que hacen imposible el cumplimiento de la obligación, la llamada Teoría de los Riesgos, objeto del presente trabajo. Y, en tercer lugar, normas indemnizatorias que regulan las consecuencias del incumplimiento, o circunstancias que no permiten el efectivo disfrute de la cosa o derecho adquiridos. Tal es el caso de la indemnización por daños o perjuicios, pena convencional, el saneamiento para el caso de evicción o por vicios ocultos.

En este sentido, el incumplimiento de la obligación, que generalmente conlleva un detrimento patrimonial, puede obedecer a tres causas: *a)* las que dependen de un hecho del deudor; *b)* las que dependen de un hecho del acreedor y; *c)* las que no dependen ni de uno de otro, sino de un agente externo a la relación jurídica o de un hecho de la naturaleza. Las primeras son fuente de responsabilidad civil; mientras que las otras, por el contrario, son causas de irresponsabilidad civil.

En este trabajo se pretende hacer un análisis jurídico de la Teoría de los Riesgos. Para ello, ha de estudiarse el problema de los riesgos desde el punto de vista teórico para, posteriormente, realizar diversos comentarios críticos a propósito de su regulación en el Código Civil para el Distrito Federal, vigente y aplicable en la Ciudad de México (en adelante CCDF).

Para lograr dicho objetivo, el trabajo metodológicamente se divide en tres partes: en la primera, a modo de marco conceptual, se define y precisa el alcance jurídico de cuatro conceptos cuyo conocimiento es esencial para la comprensión del tema. Los conceptos son: caso fortuito, fuerza mayor, pérdida de la cosa y culpa. En la segunda, se plantea y delimita teóricamente el problema de los riesgos en materia contractual, el cual consiste en establecer, en términos generales, quién asume el riesgo por la eventual pérdida de la cosa por caso fortuito o fuerza mayor; es decir, determinar si la imposibilidad de ejecutar una obligación a cargo de una de las partes en un contrato sinalagmático conlleva la extinción de la obligación correlativa. Al respecto, debe señalarse que el problema de los riesgos puede presentarse en contratos que generen obligaciones de dar, hacer y no hacer, pues el ordenamiento jurídico ha de disponer qué sucede con cualquiera de esas obligaciones cuando su obligación correlativa –exclusivamente de dar– se vuelve imposible por pérdida de la cosa. Y, en la última parte, se analizan cuatro supuestos regulados por el CCDF en relación a la Teoría de los Riesgos haciendo en cada caso los comentarios pertinentes. Dichos supuestos son: *a)* enajenación de cosa cierta y determinada; *b)* enajenación de cosa cierta y determinada sujeta a condición suspensiva; *c)* enajenación de cosa cierta y determinada en la que el enajenante se reserva la posesión de la cosa, y *d)* contratos traslativos de uso o goce temporal de cosa cierta y determinada.

Marco conceptual

Como quedó apuntado en la introducción, este apartado tiene la intención de definir y precisar el alcance jurídico de cuatro conceptos o términos utilizados por el legislador cuyo conocimiento es necesario para entender en qué consiste el problema de los riesgos y analizar su regulación en el CCDF.

Caso fortuito

El caso fortuito es el acontecimiento natural inevitable, previsible o imprevisible, que impide de forma absoluta el cumplimiento de una obligación.[2] De esta definición se pueden inferir sus características, a saber: *a)* proviene de un acontecimiento de la naturaleza, es decir, de un hecho jurídico de la naturaleza y, por tanto, se verifica con indepen-

---

[2]   *Cfr.* Joaquín Martínez Alfaro, *Teoría de las obligaciones*, 6ª ed. (Ciudad de México: Porrúa, 1999), 258.

dencia de las voluntades del deudor y del acreedor; *b)* aun cuando el hecho pueda ser anticipadamente previsto, tanto su realización como las consecuencias que esta genera sobre la cosa quedan fuera del control del ser humano[3], y *c)* hace imposible el cumplimiento total de la obligación –de dar, hacer o no hacer– no solo para el deudor individualmente considerado, sino para cualquier otra persona que estuviese en su lugar.

Fuerza mayor

La fuerza mayor es el hecho del hombre inevitable, previsible o imprevisible, que impide en forma absoluta el cumplimiento de una obligación.[4] Sus características son prácticamente las mismas que en el caso fortuito, a excepción de la primera;[5] pues en este supuesto, proviene de un acontecimiento del hombre, es decir, de un hecho jurídico voluntario pero que, sin embargo, no se trata de las voluntades del deudor ni del acreedor, sino de la voluntad de un tercero ajeno a la relación jurídica

---

[3]   La posibilidad de previsión excluye aquellos sucesos insólitos y extraordinarios, pero factibles físicamente respecto de los cuales no se puede calcular una conducta prudente atenta a las eventualidades que el curso de la vida permite esperar. Por otra parte, la imposibilidad de evitar los sucesos previstos si bien no excusa de prestar la diligencia necesaria para vencer las dificultades que se presentan, no exige la llamada "prestación exorbitante", es decir, aquella que exigiría vencer las dificultades que puedan ser equiparadas a la imposibilidad a través de sacrificios desproporcionados o de violación a deberes más altos. Luis Díez-Picazo, *Fundamentos del Derecho Civil Patrimonial*, vol. 1 (Madrid: Tecnos, 1970), 625.

[4]   *Cfr.* Martínez Alfaro, *Teoría de las obligaciones*, 258.

[5]   "Independientemente del criterio doctrinal que se adopte acerca de si los conceptos fuerza mayor y caso fortuito tienen una misma o diversa significación, no se puede negar que sus elementos fundamentales y sus efectos son los mismos, pues se trata de sucesos de la naturaleza o de hechos del hombre que, siendo extraños al obligado, lo afectan en su esfera jurídica, impidiéndole temporal o definitivamente el cumplimiento parcial o total de una obligación, sin que tales hechos le sean imputables directa o indirectamente por culpa, y cuya afectación no puede evitar con los instrumentos de que normalmente se disponga en el medio social en el que se desenvuelve, ya para prevenir el acontecimiento o para oponerse a él y resistirlo". Tesis: "Caso fortuito o fuerza mayor. Elementos", Sala Auxiliar, Suprema Corte de Justicia de la Nación, Séptima Época, *Semanario Judicial de la Federación*, vol. 121-126, 7a parte, p. 81.

habida entre aquellos con autoridad suficiente para impedir el cumplimiento de la obligación.[6]

Además de la notoria similitud conceptual entre el caso fortuito y la fuerza mayor, ambas figuras producen los mismos efectos jurídicos: para el deudor, el incumplimiento de la obligación sin que genere responsabilidad civil y; para el acreedor, un detrimento patrimonial con motivo del incumplimiento sin que tenga derecho a una indemnización. En virtud de lo anterior, ambas, con algunas excepciones, son causa de irresponsabilidad civil;[7] lo cual implica, por un lado, que quien invoque una u otra tiene la carga de la prueba y; por otro, que la calificación de las circunstancias particulares sea forzosamente judicial. Esto ha llevado a que una parte de la doctrina las considere como palabras sinónimas, aunque para nosotros no lo son.[8]

Pérdida de la cosa

A diferencia de los conceptos precedentes, el CCDF sí establece hipotéticamente en qué consiste la pérdida de la cosa. El artículo 2021 prevé cuatro supuestos: *a)* si la cosa perece, entendiendo por ello su destrucción, descomposición o consumición en orden a sus características y cualidades físicas; *b)* si la cosa queda fuera del comercio no por su

---

[6] A propósito de la nula injerencia de las voluntades del deudor y del acreedor –característica que identifica el caso fortuito y la fuerza mayor–, cabe recordar que el CCDF sanciona el incumplimiento de las obligaciones por la intervención voluntaria ya sea del deudor o del acreedor. Por ejemplo, en el primer supuesto, el artículo 1797 dispone que el cumplimiento de las obligaciones no puede quedar al arbitrio de uno de los contratantes y; en el segundo, el artículo 1847 señala que no podrá aplicarse la pena convencional si la obligación no se cumple por un hecho atribuible al acreedor.

[7] *Cfr.* Raquel Sandra Contreras López, *La responsabilidad civil y un atisbo a la patrimonial del Estado mexicano* (Ciudad de México: Porrúa, 2018), 305 y 317.

[8] Al respecto, la doctrina está dividida. Por lo que hace a la doctrina mexicana Borja Soriano y Gutiérrez y González consideran que son sinónimas, para Bejarano Sánchez son equivalentes, mientras que para Contreras López y Martínez Alfaro no lo son. *Vid.* Manuel Borja Soriano, *Teoría General de las Obligaciones*, 21ª ed. (Ciudad de México: Porrúa, 2012), 474 y 475; Ernesto Gutiérrez y González, *Derecho de las obligaciones*, 12ª ed. (Ciudad de México: Porrúa, 1999), 607; Manuel Bejarano Sánchez, *Obligaciones civiles*, 6ª ed. (Ciudad de México: Oxford University Press, 2010), 293; Contreras López, *La responsabilidad civil*, 306. Martínez Alfaro, *Teoría de las obligaciones*, 260.

naturaleza, sino por disposición posterior de la ley; pues una cosa que no puede ser poseída originalmente por un individuo de manera exclusiva no se puede perder; *c*) si la cosa desaparece, es decir, si se pierde en sentido físico porque no se sabe dónde se encuentra y; *d*) si la cosa, del lugar donde se halla, por algún impedimento físico, no puede ser recobrada o recuperada.

En lo relativo a este concepto, cabe precisar dos cuestiones: en primer lugar, a diferencia de lo que ocurre en el caso fortuito y la fuerza mayor, su previsión y consecuencias legales solo son posibles en cuanto a obligaciones de dar y; en segundo lugar, que para determinar la aplicación de cada uno de esos supuestos es necesario distinguir el bien de que se trate ya que, por ejemplo, una marca –como bien intangible– no puede desaparecer conforme a la tercera hipótesis, o un edificio –como bien inmueble– no admite no ser recobrado o recuperado de acuerdo con la cuarta hipótesis.

Culpa

La culpa contractual es la abstención dolosa, imprudente o negligente y; por tanto, injustificada por parte del deudor en virtud de la cual incumple total o parcialmente la obligación a su cargo. El efecto que produce dicha conducta es la responsabilidad civil del deudor; o sea, la obligación de indemnizar al acreedor los daños y perjuicios causados, o bien de pagar la pena convencional.

La abstención puede tener como causa: *a*) el dolo, cuando el deudor intencionalmente no cumple con el propósito de perjudicar a su acreedor;[9] *b*) la impericia, cuando el deudor no tiene los conocimientos requeridos para su ejecución o; *c*) la negligencia, cuando el deudor no obstante de tener los conocimientos y habilidades necesarios no los aplica o no lo hace con la debida diligencia.

En atención al tema objeto del presente trabajo y en lo que a este concepto se refiere se hará especial hincapié en la obligación del enajenante de conservar la cosa hasta su entrega.

---

[9]   *Cfr.* Borja Soriano, *Teoría General de las Obligaciones*, 460.

Por lo que hace al cuidado o esmero que el enajenante ha de poner para el cumplimiento de esa obligación existe una escala descendente que parte de la diligencia máxima y llega hasta la diligencia mínima. Como ejemplo de la primera está el comodato en términos de lo dispuesto por el artículo 2502 del CCDF ("El comodatario está obligado a poner toda la diligencia en la conservación de la cosa...") y; de la segunda, el depósito conforme al artículo 2522 del mismo ordenamiento ("El depositario está obligado a conservar la cosa... según la reciba [...]").[10]

Correlativamente, en cuanto al grado de responsabilidad del enajenante, existe una escala ascendente que parte de la culpa leve y llega hasta la culpa grave. A la culpa leve le corresponde la diligencia máxima, por ello de acuerdo con el citado artículo 2502: "El comodatario... es responsable de todo deterioro que ella sufra por su culpa" y; a la culpa grave le corresponde la diligencia mínima, por lo que de conformidad con el artículo 2522 ya invocado: "[...] responderá el depositario de los menoscabos, daños y perjuicios que las cosas depositadas sufrieren por su malicia o negligencia".[11]

Planteamiento y delimitación del problema de los riesgos

Con la denominación "Teoría de los Riesgos" la doctrina intenta dar respuesta a un problema que se puede presentar al momento de cumplir una obligación de dar generada con motivo de un contrato. Ese problema consiste, en términos generales, en establecer quién asume el riesgo por la eventual pérdida de la cosa por caso fortuito o fuerza mayor.

Para atender la cuestión se han esgrimido una serie de principios jurídicos en aras de mantener la justicia conmutativa que prima en materia contractual. El primero, quizá el más importante de ellos, refiere que la cosa se pierde para su propietario (*res petit dominio*). En otras palabras, la pérdida de una cosa no la padece jurídica ni económicamente más que aquél a quien pertenece.

---

[10]   *Cfr.* Jorge Alfredo Domínguez Martínez, *Derecho civil. Contratos*, 4ª ed. (Ciudad de México: Porrúa, 2011), 271.

[11]   *Cfr.* Domínguez Martínez, *Derecho civil*, 272.

Al respecto, resulta conveniente presentar y analizar detalladamente los escenarios en que la cosa objeto de un contrato se puede perder por caso fortuito o fuerza mayor:

El primero versa sobre aquellos contratos en que no hay diferimiento temporal entre: *a)* la celebración del contrato, *b)* la transmisión de la propiedad o uso; *c)* la entrega de la cosa y; *d)* el pago del precio o contra-prestación. Estos son los llamados contratos de ejecución inmediata[12] y en los que, con fundamento en el principio antes citado, fácilmente se puede establecer que quien sufre la pérdida de la cosa es el dueño de la misma: el que lo sea antes o después de la celebración del contrato.

El segundo alude a aquellos contratos en que sí hay un diferimiento temporal entre esos momentos, tal es el caso de los contratos de ejecución diferida[13] en donde realmente se presenta el problema respecto de la pérdida de la cosa.

En este contexto hay que distinguir, a su vez, si se trata de un contrato unilateral o bilateral.

El contrato unilateral por excelencia que genera una obligación de dar es la donación.[14] Solo por excepción, cuando se le imponen algunos gravámenes al donatario (donación onerosa), es bilateral.[15] Por otra parte, la donación es un contrato que, a diferencia de los demás, se perfecciona

---

[12] Los contratos de ejecución inmediata son aquellos en que nacida la obligación se ejecuta acto continuo. Este es el caso de la compraventa al contado sin diferimiento en la entrega y en el pago del precio, si más salvedad que la interdependencia que hay en el cumplimiento de una y otra obligación por el sinalagma del contrato. *Cfr*. Domínguez Martínez, *Derecho civil*, 157-158.

[13] Los contratos de ejecución diferida son aquellos en que el cumplimiento de las obligaciones a cargo de una de las partes, o de ambas, se realiza dentro de un determinado plazo después de la celebración del mismo. Esto ocurre en la compraventa en la que se da un plazo al vendedor para entregar la cosa o, para el comprador, de pagar el precio. *Cfr*. Domínguez Martínez, *Derecho civil*, 158.

[14] Sánchez Medal refiere que el depósito es un contrato bilateral en sentido amplio porque ordinariamente genera obligaciones para ambas partes; sin embargo, en sentido estricto, no lo es porque no hay interdependencia de las obligaciones de ambas partes, pues no existe rescisión en este contrato, ni derecho de retención, ni la llamada "*exceptio non adimpleti contractus*" y, además, porque el depositante puede recoger la cosa antes del vencimiento del plazo fijado para la devolución del depósito. Algo similar sucede en tratándose del contrato de comodato. *Cfr*. Ramón Sánchez Medal, *De los contratos civiles*, 25ª ed. (Ciudad de México: Porrúa, 2017), 286 y 297.

[15] *Cfr*. Sánchez Medal, *De los contratos civiles*, 207 y 215.

hasta que el donatario acepta la donación y hace saber su aceptación al donante como lo dispone el artículo 2340 del CCDF; consecuentemente, la transmisión de propiedad tiene lugar hasta que se dan esos actos. En este orden de ideas y sin considerar la donación onerosa, ¿quién asume la pérdida de la cosa si ocurre antes de que el donatario acepte la donación y haga saber su aceptación al donante? O bien, ¿quién asume la pérdida de la cosa si ocurre una vez que es perfecta la donación, pero la cosa no ha sido entregada?

La primera interrogante no vislumbra problema alguno, pues con base en el principio antes indicado será el donante, como propietario, quien asuma la pérdida de la cosa. Por lo que hace a la segunda, será el donatario quien asuma la pérdida, ya que el donante queda liberado de su obligación; o sea, no puede ser constreñido a entregar la cosa perdida ni tiene que indemnizar al donatario por tal circunstancia. Lo anterior en razón de dos principios: nadie está obligado a lo imposible (*ad impossibilia nemo tenetur*)[16] y de equidad contractual,[17] previstos los artículos 2111, 20 y 1857 del CCDF:

> Artículo 2111. Nadie está obligado al caso fortuito sino cuando ha dado causa o contribuído a él, cuando ha aceptado expresamente esa responsabilidad, o cuando la ley se la impone.

> Artículo 20. Cuando haya conflicto de derechos, a falta de ley expresa que sea aplicable, la controversia se decidirá a favor del que trate de evitarse perjuicios y no a favor del que pretenda obtener lucro. Si el conflicto fuere entre derechos iguales o de la misma especie, se decidirá observando la mayor igualdad posible entre los interesados.

> Artículo 1857. Cuando absolutamente fuere imposible resolver las dudas por las reglas establecidas en los artículos precedentes, si aquéllas recaen sobre circunstancias accidentales del contrato, y éste fuere gratuito, se resolverán en favor de la menor transmisión de derechos e intereses;

---

[16]   *Cfr.* G. Baudry-Lacantinerie y L. Barde, *Traité théorique et pratique de droit civil: desobligations*, citados en Borja Soriano, *Teoría General de las Obligaciones*, 498.

[17]   *Vid.* Contreras López, *La responsabilidad civil*, 324-325.

si fuere oneroso se resolverá la duda en favor de la mayor reciprocidad de intereses.

Como se advierte, los contratos unilaterales no representan ningún problema especial sobre los riesgos.[18]

En los contratos bilaterales es donde realmente se presenta, en lo particular, el problema de los riesgos;[19] pues de verificarse la pérdida de la cosa es imperioso determinar si, no obstante la extinción de la obligación a cargo de una de las partes por ser imposible su ejecución, la otra sigue obligada conforme a los estipulado en el contrato.

En los contratos sinalagmáticos, esto es, en aquellos en que las obligaciones son recíprocas en tanto que una depende de la otra ¿cuál de las partes sufre jurídica y económicamente la pérdida de la cosa? Si se opta por *mantener la obligación* de aquella cuya ejecución es posible, la pérdida será para esta; pues deberá cumplir con la misma aun sin recibir nada a cambio. Pero si se opta por *extinguir la obligación*, a pesar de ser posible su ejecución, la pérdida será para la otra parte. En estas alternativas que permiten recaer los efectos de la pérdida en uno u otro de los contratantes radica, en esencia, el problema de los riesgos en materia contractual.[20]

Dentro de los contratos bilaterales también es importante identificar el objeto indirecto del contrato, ya que las consecuencias jurídicas son diversas en función del mismo. De este modo, si el objeto es una cosa genérica tiene aplicación un tercer principio, según el cual: los géneros no perecen (*génera non pereunt*). En este caso, si se pierde la cosa, subsisten las obligaciones de ambas partes toda vez que la pérdida es irrelevante para efectos del contrato. La pérdida la sufre quien tiene la obligación de dar la cosa porque él es el dueño.[21] Esta solución está prevista en

---

[18]   Marcel Planiol y George Ripert, *Derecho civil*, trad. Leonel Péreznieto Castro, vol. 8 (Ciudad de México: Harla, 1997), 906.

[19]   Borja Soriano, *Teoría General de las Obligaciones*, 498.

[20]   *Cfr.* Planiol y Ripert, *Derecho civil*, 905-906. En un contrato sinalagmático si se extingue la obligación a cargo de una de las partes porque su ejecución se vuelve imposible, ¿qué ocurre con la obligación aún posible, que tiene como contrapartida a la obligación extinguida? Luis Josserand, *Derecho Civil*, trad. Santiago Cunchillos y Manterola, t. II, vol. 1 (Buenos Aires: Bosch, 1950), 254.

[21]   *Cfr.* Contreras López, *La responsabilidad civil*, 324.

los artículos 2015 y 2022 del CCDF que por su relevancia se transcriben a continuación:

> Artículo 2015. En las enajenaciones de alguna especie indeterminada, la propiedad no se transferirá sino hasta el momento en que la cosa se hace cierta y determinada con conocimiento del acreedor.

> Artículo 2022. Cuando la obligación de dar tenga por objeto una cosa designada sólo por su género y cantidad, luego que la cosa se individualice por la elección del deudor o del acreedor, se aplicarán, en caso de pérdida o deterioro, las reglas establecidas en el artículo 2017.

Aquí tampoco se advierte un problema especial sobre los riesgos por pérdida de la cosa.

Pero si la cosa es cierta y determinada, es decir, individualmente determinada el problema de los riesgos es evidente, pues la transmisión de propiedad se verifica, por regla general, por mero efecto del contrato como lo dispone el artículo 2014 del CCDF:

> Artículo 2014. En las enajenaciones de cosas ciertas y determinadas, la traslación de la propiedad se verifica entre los contratantes, por mero efecto del contrato, sin dependencia de tradición ya sea natural, ya sea simbólica; debiendo tenerse en cuenta las disposiciones relativas del Registro Público.

En este supuesto, de acuerdo con lo que previene el primer principio antes apuntado, la pérdida la asume el dueño de la cosa: el que lo sea antes o después de la celebración del contrato, siempre y cuando se trate de contratos instantáneos o de ejecución inmediata. Sin embargo, el presupuesto lógico-jurídico del que ahora se parte radica en el diferimiento temporal habido entre la transmisión de la propiedad, la entrega de la cosa y el pago del precio o contraprestación; o sea, entre la celebración del contrato traslativo de dominio de cosa cierta y determinada, y el cumplimiento de las obligaciones a cargo de las partes: entregar la cosa y pagar el precio o contraprestación, por lo cual la situación es más compleja.

En este sentido, en un contrato traslativo de dominio de cosa cierta y determinada en que esta no ha sido entregada ni el precio o contraprestación satisfechos, ¿quién asume la pérdida de la cosa por caso fortuito o fuerza mayor? Como se dijo, son dos las alternativas posibles: 1ª. Que el enajenante asuma la pérdida y, por tanto, que no tenga derecho de recibir ni de exigir el precio o contraprestación pactados, y 2ª. Que el adquirente asuma la pérdida y; en consecuencia, que subsista la obligación a su cargo de pagar precio o contraprestación convenidos.

En cualquiera de estas opciones si el enajenante no entregó la cosa queda liberado de esa obligación por resultar imposible su ejecución.

Precisamente en esto radica jurídicamente el problema de los riesgos en materia contractual cuya previsión legal será objeto de análisis en el siguiente apartado de este trabajo.

Previsión legal y casos particulares de la Teoría de los Riesgos en el CCDF

A partir del planteamiento y delimitación teórica del problema de los riesgos, así como de los argumentos formulados en el apartado anterior ahora corresponde analizar la regulación jurídica de la Teoría de los Riesgos en el CCDF.

Enajenación de cosa cierta y determinada

Una primera regulación se da a propósito de la enajenación de una cosa cierta y determinada. Al efecto, el CCDF establece las consecuencias jurídicas de la pérdida de la cosa en poder del deudor; ya sea por culpa –del deudor o del acreedor–, o por caso fortuito o fuerza mayor. Además, la previsión legal no solamente se refiere a la pérdida de cosa en el sentido descrito en el segundo apartado de este trabajo; sino también por el deterioro de la misma, lo cual resulta razonablemente apropiado toda vez que la obligación del deudor de conservar la cosa hasta su entrega abarca esos dos aspectos.

De este modo, los artículos 2017 y 2018 del CCDF disponen:

> Artículo 2017. En los casos en que la obligación de dar cosa cierta importe la traslación de la propiedad de esa cosa, y se pierde o deteriora en poder del deudor, se observarán las reglas siguientes:

I. Si la pérdida fue por culpa del deudor, éste responderá al acreedor por el valor de la cosa y por los daños y perjuicios;

II. Si la cosa se deteriorare por culpa del deudor, el acreedor puede optar por la rescisión del contrato y el pago de daños y perjuicios, o recibir la cosa en el estado que se encuentre y exigir la reducción de precio y el pago de daños y perjuicios;

III. Si la cosa se perdiere por culpa del acreedor, el deudor queda libre de la obligación;

IV. Si se deteriorare por culpa del acreedor, éste tiene obligación de recibir la cosa en el estado en que se halle;

V. Si la cosa se pierde por caso fortuito o fuerza mayor, la obligación queda sin efecto y el dueño sufre la pérdida, a menos que otra cosa se haya convenido.

Artículo 2018. La pérdida de la cosa en poder del deudor se presume por culpa suya mientras no se pruebe lo contrario.

Dichos preceptos motivan los siguientes comentarios por nuestra parte: *a)* en lo concerniente a la enajenación de cosa cierta y determinada, el legislador únicamente prevé la Teoría de los Riesgos en la fracción V del artículo 2017; *b)* no obstante de que el encabezado de ese artículo alude tanto a la pérdida como al deterioro de la cosa, la citada fracción V solo trata la pérdida de la cosa; *c)* si la cosa se pierde la carga de la prueba la tiene el deudor; es decir, este deberá destruir la presunción legal de culpabilidad demostrando que la pérdida se produjo por caso fortuito o fuerza mayor; *d)* si la cosa se pierde por caso fortuito o fuerza mayor el deudor queda liberado de cumplir la obligación a su cargo en razón de dos de los principios ya mencionados: la cosa se pierde para su propietario y nadie está obligado a lo imposible, y *e)* las consecuencias legales por la pérdida de la cosa por caso fortuito o fuerza mayor en los contratos por los que se enajena una cosa cierta y determinada pueden ser modificadas por los contratantes a través de las llamadas cláusulas accesorias, o sea, admiten pacto en contrario.

Al mismo tiempo dichos preceptos obligan a plantear las siguientes interrogantes: ¿la teoría de riesgos comprende tanto la pérdida como el deterioro de la cosa por caso fortuito o fuerza mayor? En las enajenaciones de cosa cierta y determinada, ¿qué sucede si la cosa se deteriora por caso fortuito o fuerza mayor? ¿Cuáles son las consecuencias para el deudor y para el acreedor? Si la cosa se deteriora, ¿se presume que fue por culpa del deudor? ¿Este puede exigir el cumplimiento de la obligación a cargo de la otra parte? Y, si se pierde, ¿el deudor puede exigir el cumplimiento de la obligación? Como se observa, la previsión legal citada deja sin resolver muchas cuestiones que pueden verificarse en la vida cotidiana.

Por nuestra parte, en términos generales, concluimos que el problema de los riesgos también puede plantearse si la cosa se deteriora por caso fortuito o fuerza mayor y; consecuentemente, que los principios presentados en el apartado anterior de este trabajo igualmente son aplicables en la medida que lo permitirá el caso particular. De esta forma, los riesgos por el deterioro de la cosa los asume el propietario quien tiene la obligación de recibirla en el estado en que se halle –aplicando por analogía la fracción IV del artículo 2017– lo cual supone que la obligación de entregar no se extingue. En el mismo sentido, el deudor deberá probar que el deterioro se produjo por caso fortuito o fuerza mayor. Finalmente, aunque la norma no es contundente, estimamos que en razón de la justicia conmutativa propia de la materia contractual y en el afán de conservar el vínculo jurídico generado con motivo del contrato, la obligación a cargo del propietario de la cosa no se extingue aunque no reciba nada por la pérdida de esta, o no la reciba en las condiciones en que la adquirió por su deterioro.

Enajenación de cosa cierta y determinada sujeta a condición suspensiva

Un segundo supuesto de regulación de la teoría de riesgos en el CCDF tiene lugar en los contratos de dar cosa cierta y determinada sujetos a condición suspensiva.

Quizá el mejor ejemplo de este tipo de contratos sea la compraventa con reserva de dominio.

El artículo 2249 del CCDF dispone que, por regla general, la compraventa –y, por tanto, la transmisión de dominio– es perfecta cuando las partes han convenido sobre la cosa y su precio. Como excepciones a esta regla están las enajenaciones de especie indeterminada –ya comentadas–, y la compraventa con reserva de dominio.

La transmisión de propiedad de acuerdo con esta modalidad del contrato de compraventa está sujeta a una condición suspensiva consistente en el pago total del precio; es decir, opera como una garantía para el vendedor, pues el comprador –hasta que no se cumpla la condición– no puede disponer de la cosa. Inclusive el pacto de reserva de dominio puede estar relacionado con cualquier otro acontecimiento que no sea necesariamente el pago del precio. Si a la celebración del contrato el comprador toma posesión de la cosa será considerado como arrendatario de la misma situación jurídica que, a su vez, está sujeta a una condición resolutoria, ya que con el pago del precio –o cualquier otro acontecimiento pactado– se resuelve esa situación con efectos retroactivos.[22]

En cuanto a la pérdida de la cosa en este tipo de contratos el artículo 1948 del CCDF señala:

> Artículo 1948. Cuando las obligaciones se hayan contraído bajo condición suspensiva, y pendiente ésta, se perdiere, deteriorare o bien se mejorare la cosa que fue objeto del contrato, se observarán las disposiciones siguientes:
>
> I. Si la cosa se pierde sin culpa del deudor, quedará extinguida la obligación;
>
> II. Si la cosa se pierde por culpa del deudor, éste queda obligado al resarcimiento de daños y perjuicios.
>
> Entiéndese que la cosa se pierde cuando se encuentra en alguno de los casos mencionados en el artículo 2021.
>
> III. Cuando la cosa se deteriore sin culpa del deudor, éste cumple su obligación entregando la cosa al acreedor en el estado en que se encuentre al cumplirse la condición;

---

[22] *Cfr.* Domínguez Martínez, *Derecho civil*, 321-322.

IV. Deteriorándose por culpa del deudor, el acreedor podrá optar entre la resolución de la obligación o su cumplimiento, con la indemnización de daños y perjuicios en ambos casos;

V. Si la cosa se mejora por su naturaleza o por el tiempo, las mejoras ceden en favor del acreedor;

VI. Si se mejora a expensas del deudor, no tendrá éste otro derecho que el concedido al usufructuario.

Del mismo modo en que se hizo en el supuesto que antecede es oportuno hacer algunos comentarios a propósito de este precepto: *a)* en este caso, a diferencia del anterior, no está pendiente la entrega de la cosa enajenada; sino la verificación de la condición de la que dependen los efectos del contrato; *b)* en este caso, además de prever la pérdida y deterioro de la cosa, se regulan las consecuencias si esta se mejora; *c)* en este caso, a diferencia del anterior, el legislador no utiliza la expresión "caso fortuito o fuerza mayor"; sino que simplemente se refiere en los supuestos de pérdida y deterioro a "sin culpa del deudor", fórmula que admite válidamente una doble interpretación: que sean por culpa del acreedor, o bien, que sean por caso fortuito o fuerza mayor; *d)* si la cosa se pierde por caso fortuito o fuerza mayor "quedará extinguida la obligación", entendiendo por ella no la de entregar la cosa sino el contrato mismo; *e)* si la cosa se deteriora por caso fortuito o fuerza mayor el deudor cumple entregando la cosa "en el estado en que se encuentre al cumplirse la condición", y *f)* las consecuencias legales por la pérdida o deterioro de la cosa por caso fortuito o fuerza mayor también admiten pacto en contrario.

Esta regulación también permite plantear las siguientes preguntas: ¿la teoría de riesgos comprende la pérdida, el deterioro y las mejoras de la cosa por caso fortuito o fuerza mayor? Si la cosa se pierde o deteriora, ¿se presume que fue por culpa del deudor? Si se pierde la cosa, ¿por qué se extingue el contrato, es decir, las obligaciones de ambas partes? Si se deteriora la cosa, ¿el deudor puede exigir el cumplimiento de la obligación a cargo de la otra parte?

En atención al supuesto que se analiza consideramos que el problema de los riesgos no abarca las mejoras de la cosa ya que, por un lado, la

Teoría de los Riesgos no solo busca determinar quién asume la pérdida o deterioro de la cosa–situación que en tratándose de las mejoras no sería tan complicada con base en el primer principio expuesto en el apartado anterior de este trabajo– sino, además, si se extingue o no la obligación correlativa a la entrega de la cosa y; por otro lado, las mejoras tienen su causa en la naturaleza de la cosa, en el tiempo transcurrido hasta que se verifica la condición y en actos que se atribuyen al deudor, pero nunca por caso fortuito o fuerza mayor. De este modo, si la cosa mejora no cabe plantear el problema de la extinción de las obligaciones a cargo de ambas partes. De igual manera que en el supuesto anterior, el deudor deberá probar que la pérdida o el deterioro se produjeron por caso fortuito o fuerza mayor quien, de hacerlo, tiene derecho de recibir y de exigir la contraprestación pactada a su favor.

En atención a las características propias de la condición y del objeto del contrato juzgamos que si la cosa se pierde por caso fortuito o fuerza mayor el contrato no produce efecto legal alguno. Para fundamentar esta postura estimo necesario citar a Planiol y Ripert por la contundencia de sus argumentos:

> Supongamos que perece por caso fortuito, una cosa vendida bajo condición, estando pendiente ésta, y que después se realiza. La venta no se perfecciona: el vendedor no está obligado ni a entregar la cosa ni a pagar una indemnización. Pero el comprador, por su parte, no está obligado a pagar el precio. ¿Por qué? ¿Cómo es posible que la retroactividad ordinaria de las condiciones, no haga que la venta se repute existente desde el día de su celebración, y en una época en que podría válidamente formarse, puesto que la cosa existía aún? Es sencilla la respuesta: antes de declarar retroactivamente formada la venta, es necesario examinar si ésta puede todavía formarse; ahora bien, cuando la condición se realiza, la venta ha llegado a ser imposible, por falta de objeto. No debe la formación del contrato ser una consecuencia de la retroactividad de la condición; ésta sigue a la formación del contrato cuando aún es posible [...].

> Es cierto, además, que si la pérdida de una cosa prometida bajo condición, se debe a una culpa de deudor... el acreedor condicional, que por esta culpa se encuentra privado del beneficio que esperaba obtener del contrato, tiene derecho a la indemnización de daños y perjuicios; la

culpa del deudor impide que el contrato se forme, puesto que la cosa ya no existe al vencerse la condición: al mismo tiempo empero obliga a su autor a reparar el perjuicio que causa la otra parte.[23]

Por último, cabe hacer notar que la disposición transcrita solamente prevé la condición suspensiva, pero ¿qué sucede si el contrato por el cual se transmite el dominio de una cosa cierta y determinada se celebró bajo una condición resolutoria? Pensamos que esta situación es jurídicamente posible y compartimos la solución propuesta por Planiol y Ripert:

> Cuando se haya vendido una cosa bajo condición resolutoria, el enajenante es propietario de ella, bajo la condición suspensiva inversa, pues si se realiza la condición resolutoria, retomará el retroactivamente la propiedad vendida, y estará obligado a restituir el precio que había recibido. Supongamos que la cosa perece mientras la cosa está en suspenso la condición y que ésta se realiza con posterioridad. En este caso se decide que la condición resolutoria no se realiza útilmente, puesto que es imposible que la propiedad retorne al vendedor; por consiguiente, el comprador no tiene derecho a la restitución del precio, o en otros términos, los riesgos de la cosa enajenada bajo condición resolutoria son a cargo del adquirente.[24]

---

[23] Planiol y Ripert, *Derecho civil*, 909. Sobre esta cuestión puede haber pacto en contrario, es decir, en la compraventa con reserva de dominio puede pactarse que el comprador aunque no se le haya transmitido la propiedad asuma los riesgos por pérdida de la cosa por caso fortuito o fuerza mayor si esto ocurre mientras está en posesión de la misma y cuya condición está pendiente de realizarse. *Cfr.* Sánchez Medal, *De los contratos civiles*, 166.

[24] Planiol y Ripert, *Derecho civil*, 909. Colección Clásicos del Derecho, vol. 8. Para Barbero es un error decir que el riesgo pasa a cargo del comprador en el caso de la venta hecha bajo condición resolutoria. Cuando hay una condición, sea suspensiva o resolutoria, indica ese autor, la transferencia y el riesgo se ponen en contingencia por la misma incertidumbre que caracteriza toda la situación. Si se verifica la condición resolutoria debe considerarse a la negociación como jamás ocurrida y; por ende, que no ocurrió el traspaso de los riesgos. Si se verifica la condición suspensiva se considera que tanto la negociación como el traspaso de los riesgos tuvieron lugar desde el momento de la celebración del contrato. Domenico Barbero, *Sistema del Derecho Privado* (Buenos Aires: EJEA, 1967), 15.

Enajenación de cosa cierta y determinada en la que el enajenante se reserva la posesión de la cosa

Un tercer supuesto de regulación de la teoría de riesgos se presenta en aquellos contratos en virtud de los cuales se enajena una cosa cierta y determinada pero que, por voluntad de las partes o por disposición legal, el enajenante se reserva la posesión de la cosa.

Tal sería el caso de la entrega virtual prevista en el artículo 2284 del CCDF y cuyo tratamiento de los riesgos se contiene en el artículo 2023 del mismo ordenamiento:

> Artículo 2284. La entrega puede ser real, jurídica o virtual.
>
> [...]
>
> Desde el momento en que el comprador acepte que la cosa vendida quede a su disposición, se tendrá por virtualmente recibido de ella, y el vendedor que la conserve en su poder sólo tendrá los derechos y obligaciones de un depositario.
>
> Artículo 2023. En los casos de enajenación con reserva de la posesión, uso o goce de la cosa hasta cierto tiempo, se observarán las reglas siguientes:
>
> I. Si hay convenio expreso se estará a lo estipulado;
>
> II. Si la pérdida fuere por culpa de alguno de los contratantes, el importe será de la responsabilidad de éste;
>
> III. A falta de convenio o de culpa, cada interesado sufrirá la pérdida que le corresponda, en todo, si la cosa perece totalmente, o en parte, si la pérdida fuere solamente parcial;
>
> IV. En el caso de la fracción que precede, si la pérdida fuere parcial y las partes no se convinieren en la disminución de sus respectivos derechos, se nombrarán peritos que la determinen.

Continuando con la misma estructura adoptada en los supuestos anteriores, los preceptos transcritos merecen los siguientes comentarios:

a) si bien el artículo 2284 se ubica en el título de la compraventa, también tiene aplicación para toda enajenación de cosa cierta y determinada; *b)* en los contratos traslativos de dominio en los que se pacta que la cosa objeto de los mismos quede a disposición del adquirente, el enajenante adopta la posición de un depositario y; por tanto, le corresponde una diligencia mínima (está obligado a conservar la cosa en el mismo estado) y responde de culpa grave (por malicia o negligencia) de acuerdo con las reglas citadas en el segundo apartado de este trabajo a propósito de la culpa; *c)* a diferencia de los supuestos anteriores, se distingue entre pérdida total y pérdida parcial, lo cual resulta técnicamente inapropiado; quizás esas expresiones deban ser interpretadas en el orden lógico de la Teoría de los Riesgos como pérdida y deterioro, respectivamente; *d)* del mismo modo que en el supuesto anterior, el legislador no utiliza la expresión "caso fortuito o fuerza mayor", sino que solo se refiere a "falta de culpa", fórmula que únicamente admite ser interpretada como aquella expresión, ya que la culpa del deudor o del acreedor está prevista en la fracción ll; *e)* si la cosa se pierde por caso fortuito o fuerza mayor ambas partes asumen los riesgos, lo cual equivale a decir que el contrato queda sin efectos (solución contraria al primer supuesto planteado); *f)* si la cosa se deteriora por caso fortuito o fuerza mayor la obligación correlativa a la entrega admite disminución, y *g)* expresamente se admite que las consecuencias legales por la pérdida o deterioro de la cosa por caso fortuito o fuerza mayor también admiten pacto en contrario.

Esta regulación genera básicamente dos inquietudes: en primer lugar, se ha dicho que si la cosa se pierde por caso fortuito o fuerza mayor en poder del deudor, este queda liberado de cumplir la obligación sin que ello implique la extinción de la obligación a cargo del propietario; sin embargo, en el supuesto que nos ocupa ambas partes sufren la pérdida de la cosa. Y, en segundo lugar, si la cosa se deteriora por caso fortuito o fuerza mayor en poder del deudor los riesgos los asume el propietario quien tiene la obligación de recibirla en el estado en que se halle pero, en este nuevo supuesto, se prevé la disminución de las obligaciones. ¿Jurídicamente hay diferencia entre la pérdida o deterioro de la cosa en poder del deudor conforme al artículo 2017 y la pérdida o deterioro de la cosa en aquellos casos en que el enajenante se reserva la posesión de acuerdo con el artículo 2023 que justifique soluciones diversas? Sobre el particular consideramos que no hay justificación para un tratamiento jurídico antagónico en ambas situaciones.

Contratos traslativos de uso o goce temporal de cosa cierta y determinada

Un cuarto supuesto de regulación de la Teoría de Riesgos tiene cabida en los contratos traslativos de uso o goce temporal de cosa cierta. Ejemplo de este tipo de contratos sería el arrendamiento o el comodato; o bien, la constitución por contrato de los derechos reales de usufructo o uso.

Al respecto, los artículos 2011 y 2024 del CCDF establecen:

Artículo 2011. La prestación de cosa puede consistir:

[...]

II. En la entrega temporal del uso y/o goce de cosa cierta;

[...]

Artículo 2024. En los contratos en que la prestación de la cosa no importe la traslación de la propiedad, el riesgo será siempre de cuenta del acreedor, a menos que intervenga culpa o negligencia de la otra parte.

La situación planteada por esos artículos es más sencilla; sin embargo, amerita los siguientes comentarios: *a)* en este supuesto, en cuanto a las consecuencias jurídicas, no se distingue entre pérdida y deterioro de la cosa, y *b)* "los riesgos" son siempre por cuenta del acreedor.

Lo anterior nos lleva a considerar que si la cosa se pierde por caso fortuito o fuerza mayor el contrato sin efecto por falta de objeto y; en cambio, si la cosa se deteriora por las mismas causas, da lugar a la disminución de la contraprestación como parte de la obligación correlativa.

Conclusiones

1. La distinción conceptual entre caso fortuito y fuerza mayor es meramente teórica, pues el legislador no hace distinción alguna en cuanto a las causas y efectos de esos términos. Dentro de la Teoría de los Riesgos ambos producen los mismos efectos jurídicos: para el deudor, el incumplimiento de la obligación por

hacerse imposible su ejecución, sin que ello genere responsabilidad civil y; para el acreedor, un detrimento patrimonial sin que tenga derecho a una indemnización.

2. El problema de los riesgos –objeto de la Teoría de los Riesgos– radica, en esencia, en determinar quién asume los riesgos por pérdida de la cosa, por caso fortuito o fuerza mayor, en un contrato bilateral o sinalagmático cuyas obligaciones a cargo de ambas partes aún no están totalmente cumplidas; es decir, consiste en determinar si la extinción de la obligación de dar una cosa cierta y determinada a cargo de una de las partes por ser imposible su ejecución –en razón de la pérdida de la cosa–, conlleva necesaria e indefectiblemente la extinción de la obligación correlativa de dar, hacer o no hacer a cargo de la otra parte.

3. Los principales principios jurídicos que permiten ofrecer soluciones particulares al problema de los riesgos son los siguientes: *a)* la cosa se pierde para su propietario (*res petit dominio*); *b)* nadie está obligado a lo imposible (*ad impossibilia nemo tenetur*); *c)* igualdad o equidad contractuales como parte de la justicia conmutativa; y *d)* los géneros no perecen (*génera non pereunt*).

4. Para estar frente a un problema de riesgos el supuesto debe estar conformado por los siguientes elementos: *a)* que se trate de un contrato bilateral o sinalagmático; *b)* que el objeto sea una cosa cierta y determinada; *c)* el diferimiento temporal entre la celebración del contrato y el cumplimiento de las obligaciones de ambas partes; *d)* la imposibilidad de cumplir una obligación de dar por causa de caso fortuito o fuerza mayor; *e)* que la imposibilidad sea subsecuente al nacimiento de la obligación, y *f)* que la obligación correlativa de dar, hacer o no hacer aún sea posible de cumplirse.[25]

---

[25] *Cfr.* Susana Zusman Tinman, "La Teoría del Riesgo", *Derecho PUCP* 34 (1980): 82.

5. Si bien el problema de los riesgos se plantea originariamente en razón a la pérdida de la cosa por caso fortuito o fuerza mayor, la Teoría de los Riesgos también incluye su deterioro por las mismas causas ya que la obligación del deudor de conservar la cosa hasta su entrega abarca esos dos aspectos. De este modo, los referidos principios son igualmente aplicables en caso de deterioro en la medida que lo permitirá el caso particular.

6. Si la cosa se pierde o deteriora en poder del deudor, este se presume culpable por disposición legal. Para destruir dicha presunción el deudor deberá demostrar que la pérdida se produjo por caso fortuito o fuerza mayor, o sea, no debe probar el hecho positivo en qué consistió el caso fortuito o fuerza mayor, sino que prestó la diligencia necesaria para vencer dificultades que supusieron los acontecimientos en las circunstancias de tiempo y lugar.

7. En la enajenación de cosa cierta y determinada, si la cosa *se pierde en poder del deudor,* el dueño sufre la pérdida; por tanto: *a)* el que debe entregar la cosa queda liberado de su obligación, y b) la obligación correlativa a cargo del propietario de la cosa no se extingue aunque no reciba nada. Y, en la enajenación de cosa cierta y determinada, si la cosa *se deteriora en poder del deudor*, el dueño sufre el deterioro; por tanto: *a)* el que debe entregar la cosa cumple su obligación entregándola en el estado que se halle, y *b)* la obligación correlativa a cargo del propietario de la cosa no se extingue ni se modifica aunque no la reciba en las condiciones en que la adquirió.

8. En la enajenación de cosa cierta y determinada sujeta a condición suspensiva, si la cosa *se pierde antes de cumplirse la condición*, la enajenación no se perfecciona; por tanto: *a)* el enajenante no queda obligado a entregar la cosa, y *b)* el adquirente no queda obligado a pagar contraprestación alguna. Y, en la enajenación de cosa cierta y determinada sujeta a condición suspensiva, si la cosa *se deteriora antes de cumplirse la condición*, el dueño sufre el deterioro; por tanto: *a)* el que debe entregar la cosa cumple su

obligación entregándola en el estado que se halle al cumplirse la condición, y *b)* la obligación correlativa a cargo del propietario de la cosa no se extingue ni se modifica aunque no la reciba en las condiciones que tenía al momento en que contrató.

9. En la enajenación de cosa cierta y determinada en la que el enajenante se reserva la posesión de la cosa, si la cosa *se pierde en poder del deudor,* la enajenación se resuelve y; por tanto: *a)* el que fue enajenante no queda obligado a entregar la cosa, y *b)* el que fue adquirente no queda obligado a pagar contraprestación alguna. Y, en la enajenación de cosa cierta y determinada en la que el enajenante se reserva la posesión de la cosa, si la cosa *se deteriora en poder del deudor,* las prestaciones se modifican y; por tanto: *a)* el que debe entregar la cosa cumple su obligación entregándola en el estado que se halle, y *b)* la obligación correlativa a cargo del propietario de la cosa no se extingue, pero si se modifica en proporción al deterioro que sufrió la cosa desde el momento en que la adquirió.

10. En los contratos traslativos de uso o goce temporal de cosa cierta y determinada, si la cosa *se pierde durante la vigencia de los mismos,* será causa de terminación de los mismos y; por tanto: *a)* el enajenante no queda obligado de su obligación, y *b)* el adquirente no queda obligado a pagar contraprestación alguna a partir de la pérdida y, si pago anticipadamente, tendrá derecho a la restitución proporcional. Y, en los contratos traslativos de uso o goce temporal de cosa cierta y determinada, si la cosa *se deteriora durante la vigencia de los mismos,* el acreedor sufre el deterioro y; por tanto: *a)* el enajenante deberá hacer las reparaciones necesarias, si el contrato fuere oneroso, y *b)* la obligación correlativa a cargo del adquirente no se extingue, pero si se podrá modificar si el enajenante no repara la cosa volviéndola al estado que tenía al momento en que contrató.

LA PROTECCIÓN DE LOS DERECHOS DEL MENOR VÍCTIMA DE ALIENACIÓN PARENTAL CONFORME A LOS ARTÍCULOS 1º Y 4º CONSTITUCIONALES

Gabriela Solís de Ibarrola[1]
Universidad Panamericana

La familia y su protección jurídica

La familia es la base fundamental de todas las sociedades. Es en familia en donde, de manera natural, se cría, se forma, se educa, se protege, se ama y se fortalece a sus miembros. La familia da identidad y pertenencia a sus integrantes y contribuye al desarrollo integral de la sociedad.

---

[1] Profesora de la asignatura "Derecho de Familia" en la Facultad de Derecho de la Universidad Panamericana. Egresada de la Escuela Libre de Derecho. Maestra en Derecho por la Universidad de Cornell. Especialista en Derecho Civil por la Universidad Panamericana.

En palabras de mi abuelo, Don Antonio de Ibarrola:

> [...] el problema relativo a la familia es de aquellos que el jurista debe tocar con el tacto más extraordinario. Si la familia no se halla firme y sólidamente constituida, todo el edificio social vendrá estrepitosamente abajo.[2]

El término *familia* tiene varias acepciones[3] y por ello puede entenderse desde un concepto biológico, sociológico o jurídico. Independientemente de este enfoque, y tomando en consideración que hoy en día las familias han cambiado sus conformaciones, cuando los padres de un menor se separan o deciden no hacer vida en común, es importante que, en el ejercicio de la patria potestad, tomen ciertas decisiones para determinar la situación jurídica de sus hijos como lo son la guarda y custodia, el régimen de visitas que tendrá el progenitor que no viva al lado de los hijos y el monto de los alimentos para su subsistencia.

Por lo general estos acuerdos se forman entre los padres de manera voluntaria; sin embargo, si ellos no logran celebrar este convenio, será un juez de lo familiar quien resuelva lo conducente, siempre en aras del interés superior del menor.

"La familia es el elemento natural y fundamental de la sociedad y tiene derecho a la protección de la sociedad y del Estado". Así lo han reconocido tanto la Declaración Universal de los Derechos Humanos,[4] la Convención Americana sobre Derechos Humanos[5] y la Constitución Política de los Estados Unidos Mexicanos, que en su artículo 1o, tras la reforma más importante que ha tenido nuestra Constitución en materia de derechos humanos, publicada en el Diario Oficial de la Federación el 10 de junio de 2011, estableció que todas las personas gozarán de los derechos humanos reconocidos en la Constitución y en los tratados

---

[2]   Antonio de Ibarrola, *Derecho de Familia*, 5ª ed. (Ciudad de México: Porrúa, 2011), 5.

[3]   Edgar Baqueiro Rojas y Rosalía Buenrostro Báez, *Derecho de Familia*, 2ª ed. (Ciudad de México: Oxford, 2009), 3-6.

[4]   *Declaración Universal de Derechos Humanos*, proclamada por la Asamblea General de las Naciones Unidas, en París, el 10 de diciembre de 1948.

[5]   *Convención Americana sobre Derechos Humanos* (Pacto de San José) San José, Costa Rica, del 7 al 22 de noviembre de 1969, adoptada por México el 24 de marzo de 1981.

internacionales de los que el Estado Mexicano sea parte, así como de las garantías para su protección, cuyo ejercicio no podrá restringirse ni suspenderse, salvo en los casos y bajo las condiciones que esta Constitución establece. Asimismo, el Estado Mexicano debe proteger la organización y el desarrollo de la familia en términos del artículo 4o Constitucional.

La decisión de los padres de no hacer comunidad de vida es un auténtico duelo. Si hubo un rompimiento, o si nunca hubo intención o posibilidad de formar una pareja, es una situación difícil, dolorosa y que además trasciende hacia sus descendientes. Este acontecimiento representa también una pérdida para los hijos, y en la medida en que los padres permitan y fomenten las relaciones materno-paterno filiales entre el progenitor no custodio y el hijo, y entre más cordial, respetuosa y pacífica sea la relación entre los padres, más fácil será para los niños vivir como hijos de padres separados.

Recordemos que el interés superior del menor es un principio reconocido en el artículo 3º de la Convención sobre los Derechos del Niño,[6] en la que se estableció que, en todas las medidas concernientes a los niños que tomen las instituciones públicas o privadas de bienestar social, los tribunales, las autoridades administrativas o los órganos legislativos, una consideración primordial a que se atenderá será el interés superior del niño. Asimismo, dispone que los Estados Partes se comprometen a asegurar al niño la protección y el cuidado que sean necesarios para su bienestar, teniendo en cuenta los derechos y deberes de sus padres, tutores u otras personas responsables de él ante la ley. Con ese fin, tomarán todas las medidas legislativas y administrativas adecuadas. Este principio fue materializado por la Constitución Política de los Estados Unidos Mexicanos en su artículo 4º en el año 2000, en cuya redacción establece que en todas las decisiones y actuaciones del Estado se velará y cumplirá con el principio del interés superior de la niñez, garantizando de manera plena sus derechos. En dicho artículo se reconoce además que los niños y las niñas tienen derecho a la satisfacción de sus necesidades de alimentación, salud, educación y sano esparcimiento para su desarrollo integral, imponiendo la obligación de preservar y exigir el cumplimiento de estos derechos y principios, a los ascendientes, custodios o tutores.

---

[6]   *Convención sobre los Derechos del Niño*, ratificada por México en 1990.

El interés superior del menor ha sido interpretado como el catálogo de valores, principios, interpretaciones, acciones y procesos dirigidos a forjar un desarrollo humano integral y una vida digna, así como a generar las condiciones materiales que permitan a los menores vivir plenamente y alcanzar el máximo bienestar personal, familiar y social posible, cuya protección debe promover y garantizar el Estado en el ejercicio de sus funciones legislativa, ejecutiva y judicial, por tratarse de un asunto de orden público e interés social.[7] No obstante lo anterior, la Primera Sala de la Suprema Corte de Justicia de la Nación ha identificado este concepto como un concepto jurídico indeterminado[8], estableciendo algunos criterios para su aplicación al caso concreto.

En este orden de ideas, y en estricta optimización de este principio del interés superior del menor, los padres son los primeros responsables de educar, criar, formar y promover el desarrollo humano integral de sus hijos, a fin de ayudarlos a alcanzar una vida plena y el máximo bienestar posible. Se entiende, además, que son los padres quienes tienen la obligación de salvaguardar *todos* los derechos de sus hijos. Derecho a la vida, a la supervivencia, al desarrollo, a la identidad, a vivir en familia, a vivir en condiciones de bienestar, a una vida libre de violencia, a la integridad personal, a la intimidad, a la seguridad jurídica, a la educación, por mencionar solo algunos de ellos.

Se ha reconocido el principio de que ambos padres tienen *obligaciones comunes en lo que respecta a la crianza y el desarrollo del niño.*[9]

Esto significa que ninguno de los padres, debe tomar decisiones unilaterales respecto a la formación de los hijos, ni mucho menos privarlo de su derecho a la relación materno-paterno filial.

El fundamento de la patria potestad proviene de la naturaleza humana, que concede a los progenitores la función natural de protección, cuidado de sus hijos y del patrimonio de estos: la vigilancia, dirección, asistencia, la crianza.[10]

---

[7] Tesis I.5o.C. J/16, *Semanario Judicial de la Federación y su Gaceta*, Novena Época, t. XXXIII, marzo de 2011, p. 2188.

[8] Tesis 1a./J. 44/2014 (10a.), *Semanario Judicial de la Federación y su Gaceta*, Décima Época, Libro 7, junio de 2014, t. I, p. 270.

[9] Artículo 18 de la *Convención sobre los Derechos del Niño*, ratificada por México en 1990.

[10] Javier Tapia Ramírez, *Derecho de familia* (Ciudad de México: Porrúa, 2013), 394.

La patria potestad es una institución establecida en beneficio de los hijos.[11] Según esta jurisprudencia de nuestro máximo intérprete constitucional:

> La configuración actual de las relaciones paterno-filiales ha sido fruto de una importante evolución jurídica. Con la inclusión en nuestra Constitución del interés superior del menor, los órganos judiciales deben abandonar la vieja concepción de la patria potestad como poder omnímodo del padre sobre los hijos. Hoy en día, la patria potestad no se configura como un derecho del padre, sino como una función que se le encomienda a los padres en beneficio de los hijos y que está dirigida a la protección, educación y formación integral de estos últimos, cuyo interés es siempre prevalente en la relación paterno-filial, acentuándose asimismo la vigilancia de los poderes públicos en el ejercicio de dicha institución en consideración prioritaria del interés del menor. Es por ello que abordar en nuestros días el estudio jurídico de las relaciones paterno-filiales y en particular de la patria potestad, requiere que los órganos jurisdiccionales partan de dos ideas fundamentales, como son la protección del hijo menor y su plena subjetividad jurídica. En efecto, por un lado, el menor de edad está necesitado de especial protección habida cuenta el estado de desarrollo y formación en el que se encuentra inmerso durante esta etapa vital. La protección integral del menor constituye un mandato constitucional que se impone a los padres y a los poderes públicos. Al mismo tiempo, no es posible dejar de considerar que el menor es persona y, como tal, titular de derechos, estando dotado además de una capacidad progresiva para ejercerlos en función de su nivel de madurez.

Así, debe entenderse la patria potestad como una *función natural* encomendada a los padres en beneficio de los hijos, que son personas; por su dignidad humana son titulares de derechos y corresponde a los padres, por mandato constitucional su protección, por ser de orden público e interés social.

---

[11] Tesis 1a./J. 42/2015 (10a.), *Semanario Judicial de la Federación y su Gaceta*, Décima Época, Libro 19, t. I, junio de 2015, p. 563.

Uno de estos derechos, de fundamental interés para el tema en cuestión, es el del niño o niña separado de uno o de ambos padres, a mantener *relaciones personales y contacto directo* con ambos padres de modo regular, salvo si ello es contrario al interés superior del niño.[12]

Una función propia de la patria potestad es la obligación de convivencia, que es a su vez un derecho y misión del padre y del hijo.[13] Los Tribunales Colegiados han resuelto en jurisprudencia que el derecho de visitas y convivencias en nuestro país es una institución del derecho familiar, imprescindible para conseguir una mejor formación del menor desde los puntos de vista afectivo y emocional, pues se reconoce en el trato humano la existencia de un valor jurídico fundamental que debe ser protegido, ya que de este deriva la posibilidad de que el menor se relacione con ciertas personas unidas a él por lazos familiares e incluso meramente afectivos en situaciones marginales a la familia.[14]

Según Carbonell, los derechos fundamentales son considerados como tales en la medida en que constituyen instrumentos de protección de los intereses más importantes de las personas, puesto que preservan los bienes básicos necesarios para poder desarrollar cualquier plan de vida de manera digna[15], señala adicionalmente citando a Ernesto Garzón Valdez, que podemos entender por bienes básicos aquellos que son condición necesaria para la realización de cualquier plan de vida.[16]

El Código Civil de la Ciudad de México establece que quienes ejercen la patria potestad tienen, respecto de sus descendientes menores de edad, los deberes de crianza, independientemente de que vivan en el mismo domicilio.[17] Se refiere a una serie de obligaciones familiares de contenido no patrimonial a efecto de que la educación y el desarrollo personal del menor sea armónico y adecuado a lo largo del tiempo y

---

[12]   Artículo 9 inciso 3 de la *Convención sobre los Derechos del Niño*, ratificada por México en 1990.

[13]   Tapia Ramírez, *Derecho de Familia*, 410.

[14]   Tesis I.5o.C. J/27, *Semanario Judicial de la Federación y su Gaceta*, Novena Época, t. XXXIII, junio de 2011, p. 964.

[15]   Miguel Carbonell Sánchez, *Los derechos fundamentales en México* (Ciudad de México: UNAM-IIJ, 2004), p. 5.

[16]   Carbonell Sánchez, *Los derechos fundamentales*.

[17]   Artículo 414 Bis del Código Civil de la Ciudad de México.

hasta que salga de la patria potestad[18]. El mismo ordenamiento legal señala que los hijos que están bajo la patria potestad de sus progenitores tienen el derecho de convivir con ambos, aun cuando no vivan bajo el mismo techo, y que no pueden impedirse las relaciones personales entre el menor y sus ascendientes salvo cuando así lo ordene un Juez de lo Familiar, por justa causa y previa audiencia del menor[19].

Así, los padres deben proteger a sus hijos y cumplir con sus deberes y obligaciones, independientemente de la relación que lleven entre ellos, es decir, sin importar la unión (de pareja o no) que exista entre los progenitores, e independientemente de que, por distintas circunstancias, vivan o no, en el mismo domicilio que los hijos. Sin embargo, es común que padres separados *en conflicto* utilicen a sus hijos para lastimarse, controlarse, chantajear o como venganza, sin tomar en cuenta que además de lograr todo lo anterior, lastiman profundamente a sus hijos, siendo que son ellos los principales deudores de su felicidad y pleno desarrollo.

La alienación parental

Se hace énfasis en *el conflicto* en el que viven algunos padres separados, pues es precisamente en esas circunstancias en las que puede presentarse lo que se conoce como la alienación parental.

Borszomengy-Nagy (1973) desarrolló el "conflicto de lealtades",[20] según el cual, ante una crisis de pareja, los hijos se ven abocados a tomar partido, resultando así que la lealtad hacia uno de los progenitores implica la deslealtad hacia el otro.

Richard Gardner (1985) fue el primero en definir el Síndrome de Alienación Parental y se refirió a él como:

> [...] el trastorno que surge principalmente en el contexto de las disputas por la guarda y custodia de los niños. Su primera manifestación es una campaña de difamación contra uno de los padres por parte del hijo.

---

[18] Felipe De La Mata Pizaña y Roberto Garzón Jiménez, *Derecho Familiar*, 8ª ed. (Ciudad de México: Porrúa, 2017), 287.

[19] Artículo 414 Bis del Código Civil de la Ciudad de México.

[20] I. Borszomengy-Nagy, citado por José Manuel Aguilar, *S.A.P. Síndrome de Alienación Parental*, 2ª ed. (Madrid: Almuzara, 2009), 21.

Campaña que no tiene justificación. El fenómeno resulta de la combinación del sistemático adoctrinamiento (lavado de cerebro) de uno de los padres y de las propias contribuciones del niño dirigidas a la denigración del progenitor objetivo de esta campaña.[21]

Posteriormente introdujo en la definición que, habiendo maltrato y abuso sexual, la explicación del síndrome de alienación parental para la hostilidad del niño no es aplicable, lo que podríamos ver como una cláusula de exclusión.[22]

Los criterios de identificación[23] de este síndrome se han determinado como una campaña de injurias y desaprobación, explicaciones triviales para justificar la campaña de desacreditación, ausencia de ambivalencia en su odio al progenitor, autonomía de pensamiento, defensa del progenitor alienador, ausencia de culpabilidad, escenarios prestados, extensión del odio al entorno del progenitor alienado.

En este mismo orden de ideas, un síndrome es un conjunto de rasgos reconocibles o anomalías que tienden a presentarse juntos y están asociados con una enfermedad específica[24]. La existencia de la alienación parental, como síndrome, generó muchos cuestionamientos porque no ha sido avalado por asociaciones médicas, psiquiátricas o por la Organización Mundial de la Salud. Sin embargo, no por ello debe negarse la existencia de esta conducta que se presenta en los conflictos familiares, generalmente en los pleitos judiciales de guarda y custodia o convivencias, en los cuales el progenitor custodio, a través de una serie de mentiras, manipula y envenena la conciencia del menor para ponerlo en contra del otro progenitor hasta generar un sentimiento de odio y con ello destruir la relación, que por naturaleza debe darse con un máximo afecto entre padre/madre e hijo.

---

[21] Richard Gardner citado en Aguilar, *S.A.P. Síndrome de Alienación*, 25-26.

[22] Antonio Escudero *et al.*, "La lógica del Síndrome de Alienación Parental de Gardner (SAP): terapia de la amenaza", *Revista de la Asociación Española de Neuropsiquiatría* 28.2 (2008), disponible en https://scielo.isciii.es/scielo.php?script=sci_arttext-t&pid=S0211-57352008000200004

[23] Aguilar, *S.A.P. Síndrome de Alienación*, 31-47.

[24] Definición del *National Human Genome Research Institute*, disponible en https://www.genome.gov/es/genetics-glossary/Sindrome

Esta conducta existe. Quienes litigamos en materia familiar sabemos que es una realidad social utilizada comúnmente como estrategia para destruir al adversario en una batalla legal. Incluso sin ser especialistas en la materia, podemos tener conocimiento del caso de algún amigo o pariente, cuyos niños, injustificadamente, han decidido "por sí mismos" prescindir de la relación con papá o mamá. Porque el que pasa más tiempo con sus hijos, generalmente el progenitor custodio, tiene mayor oportunidad de manipular la mente del menor a través del engaño, haciéndole creer que su papá o su mamá lo ha abandonado, lo ha dejado plantado, lo ha descuidado, lo ha sustituido porque tiene otra familia, lo ha lastimado, ha abusado sexual o físicamente de él, o una cantidad innumerable de mentiras, que, cuando son repetidas, generan una convicción en el niño que, eventualmente culmina con la destrucción de la relación que le une con el progenitor alienado.

La naturaleza de la relación entre padres e hijos hace que los padres sean para ellos una especie de líderes, héroes, ejemplos a seguir. Si una persona le dice a su hijo que en Navidad llegarán los Reyes Magos, el niño cree que efectivamente existen. Si le dice que cuando se le cae un diente, se lo lleva el ratón y le deja dinero a cambio, el menor afirma que ese ratón también existe. Cuando a un niño se le motiva positivamente para hacer algo, se crea en él la convicción de que sí puede; si por el contrario se le miente y se le repite constantemente que su madre o padre lo ha abandonado o lastimado, crecerá creyendo que así sucedió. Agreguemos que al mismo tiempo que se hace creer al menor que el otro progenitor lo abandona, lo sustituye o lo lastima, el progenitor custodio obstaculiza o impide la convivencia, las llamadas, los mensajes, las visitas, pues el escenario será idóneo para convencer al menor de que lo dicho es cierto. Pero no debe pasar desapercibido que el hijo crece, madura, se da cuenta, y así como deja de creer en los Reyes o en el ratón, puede percatarse, por sí mismo, que quien destruyó el vínculo de afectividad que le relacionaba a su padre o a su madre, fue precisamente aquel que parecía estarlo protegiendo. Es así como la alienación parental se convierte en un arma tan poderosa que daña no solo al menor, sino a los niños relacionados con el menor alienado como hermanos o primos, a los padres, a los abuelos, a los tíos, es decir, a toda la familia extendida.

No pasa desapercibido el riesgo del uso fraudulento de la alienación parental, que constituye una herramienta que puede ser utilizada por padres que han abusado o maltratado a sus hijos, para tratar de desvirtuar el rechazo o la fobia que justificadamente los hijos sienten hacia ellos, procurando culpabilizar al otro progenitor de la situación.[25] Sin embargo, este riesgo no debe ser obstáculo para que el Estado intervenga oportunamente, sino por el contrario, debe presentarse como un elemento más para su actuación inmediata y salvaguardar el interés del menor.

La manipulación de los hijos para herir al otro progenitor es un tipo de violencia vil y perversa que lastima de modo irreparable los derechos del menor. El hecho de que sea precisamente uno de los padres, aquel en quien el menor confía ciegamente, el que impida y destruya la relación entre su menor hijo y otra de las figuras más importantes y necesarias de su vida como lo es el padre o la madre, lo hace despreciable, jurídicamente sancionable. Pero sobre todo resulta imperiosa la intervención del Estado para impedir la violación masiva de derechos del menor, reconstruir la relación destruida y proporcionar ayuda a todos los miembros de esa familia.

La regulación de la alienación parental en el Código Civil de la Ciudad de México

En algunos Estados de la República Mexicana, como Aguascalientes, Baja California, Baja California Sur, Colima, Durango, Guanajuato y Tabasco, la alienación parental está regulada en las respectivas legislaciones civiles, ya sea dentro del capítulo de la violencia familiar, o del ejercicio de la patria potestad, aclarando que ninguna de ellas la regula como un *síndrome*. Con respecto a la legislación civil de la Ciudad de México, del 9 de mayo de 2014 al 4 de agosto de 2017 estuvo vigente el artículo 323 Septimus que, entre otras cosas, señalaba:

> Comete violencia familiar el integrante de la familia que transforma la conciencia de un menor con el objeto de impedir, obstaculizar o destruir sus vínculos con uno de sus progenitores.

---

[25] María del Carmen García Garnica, "El Síndrome de la alienación parental a la luz del interés superior del menor", *Revista Derecho Privado y Constitución* 23 (2009, enero-diciembre): 222.

La conducta descrita en el párrafo anterior, se denomina alienación parental cuando es realizada por uno de los padres, quien, acreditada dicha conducta, será suspendido en el ejercicio de la patria potestad del menor y, en consecuencia, del régimen de visitas y convivencias que, en su caso, tenga decretado.

Asimismo, en caso de que el padre alienador tenga la guarda y custodia del niño, ésta pasará de inmediato al otro progenitor, si se trata de un caso de alienación leve o moderada.

En el supuesto de que el menor presente un grado de alienación parental severo, en ningún caso, permanecerá bajo el cuidado del progenitor alienador o de la familia de éste, se suspenderá todo contacto con el padre alienador y el menor será sometido al tratamiento que indique el especialista que haya diagnosticado dicho trastorno.

A fin de asegurar el bienestar del menor, y en caso de que, por su edad, resulte imposible que viva con el otro progenitor, el departamento de psicología del Tribunal Superior de Justicia del Distrito Federal, evaluando a los parientes más cercanos del niño, determinará qué persona quedará encargada de su cuidado, mientras recibe tratamiento respectivo que haga posible la convivencia con el progenitor no alienador [...].

Como se advierte, la regulación señalaba que esta conducta podía realizarse por un miembro de la familia, para lo cual se configuraba como violencia familiar, pero de ser realizada por uno de los padres, se consideraba alienación parental. Se tomaron en cuenta los tipos de intensidad[26] del proceso de alienación: leve, moderada y severa, y la consecuencia jurídica era la suspensión en el ejercicio de la patria potestad, la suspensión del régimen de visitas, o el cambio inmediato de la guarda y custodia, para lo cual, también debía tomarse en cuenta la posibilidad de que el menor alienado viviera con el padre alienado o con algún otro miembro de la familia.

---

26 Aguilar, *S.A.P. Síndrome de Alienación*, 63.

Ciertamente fue un intento legislativo que trató de tipificar la conducta en materia civil y sancionarla, olvidando que una pérdida o suspensión de patria potestad para sancionar a los padres no siempre representa el interés superior de la niñez sino que, en muchas ocasiones, esa pérdida le repercute directamente al menor, dañándolo aún más.

El 4 de agosto del 2017 se publicó en la Gaceta Oficial de la Ciudad de México el decreto mediante el cual se derogó el artículo 323 Septimus del Código Civil. La derogación de este artículo fue producto de diversas acciones llevadas a cabo por el entonces Jefe de Gobierno y por la Comisión Nacional de Derechos Humanos del Distrito Federal, principalmente porque se consideró que la norma formalizaba una discriminación indirecta y reproducía estereotipos basados en el género en perjuicio de las mujeres, siendo causa y consecuencia de la violencia institucional en su contra.[27]

Cabe señalar que, además, la Comisión Nacional de Derechos Humanos de la Ciudad de México promovió la acción de inconstitucionalidad 19/2014[28] en la que la Primera Sala de la Corte resolvió el sobreseimiento de la acción, sin entrar al fondo del asunto, en virtud de que sobrevino una causa de improcedencia, al haber cesado los efectos de la norma general materia de la controversia, toda vez que cuando se sesionó, la asamblea legislativa ya había derogado el artículo en cuestión.

La Comisión buscaba que se declarara la inconstitucionalidad del síndrome de la alienación parental en todas las entidades federativas, cuando en realidad lo que resulta inminente es una actuación completa y efectiva por parte del Estado para proteger los derechos de los menores que son víctimas de la manipulación parental.

Además, el interés superior del menor se entiende también como la prioridad que ha de otorgarse a los derechos de las niñas y los niños respecto de los derechos de *cualquier otra persona* con el fin de garantizar, entre otras cosas, el establecimiento de un ambiente de respeto, acepta-

---

[27] Boletín de Prensa 115/2017, del 2 de agosto de 2017, publicado por la Dirección General de Comunicación por los Derechos Humanos de la Comisión Nacional de Derechos Humanos del Distrito Federal, disponible en https://cdhcm.org.mx/wp-content/uploads/2017/08/Boletin1152017.pdf

[28] Acción de Inconstitucionalidad 19/2014 resuelta por la Primera Sala de la Suprema Corte de Justicia de la Nación en sesión del 29 de noviembre del 2017.

ción y afecto, libre de cualquier tipo de violencia familiar[29]. Considero que al derogarse el artículo 323 Septimus del Código Civil (en vez de modificarse) dejó de observarse este principio, pues si bien es de fundamental trascendencia que la protección de los menores no se haga en perjuicio de los derechos de las mujeres, lo cierto es que dejó de dársele *prioridad* a los derechos de niños y niñas. Es decir, es un hecho que en muchos casos el menor es manipulado por el progenitor custodio, y esta manipulación debe de ser impedida y atendida de forma inmediata, independientemente del género del progenitor alienador, precisamente en aras de la protección de los derechos de los menores involucrados, *por encima* de los derechos de cualquier otra persona.

Tal como lo expone García Garnica, se ha llegado a polemizar acerca de la ideología machista subyacente a este pretendido síndrome, supuestamente creado con el fin de privar a las madres de la guarda y custodia de sus hijos, habiendo incluso quien estima que se trata de una forma de violencia frente a la mujer.[30] Sin embargo, aunque habrá supuestos en los que el problema relacional entre padres e hijos concurra con la existencia de violencia de género entre los progenitores, esta última no es un presupuesto necesario para que exista o se invoque la existencia de la alienación parental[31].

Nos encontramos en presencia de una doble labor para el Estado. Por un lado, la protección y garantía de los derechos de los niños y las niñas y, por otro lado, debe velar para que en la protección de esos derechos no se originen estereotipos[32] basados en el género, que puedan perjudicar a las mujeres.

---

[29] Artículo 416 Ter del Código Civil de la Ciudad de México.
[30] García Garnica, "El Síndrome de la alienación...", 218.
[31] García Garnica, "El Síndrome de la alienación...", 219.
[32] Ciertamente, un estereotipo de esa naturaleza es provocado por el también conocido "Síndrome de la Madre Maliciosa", desarrollado por Turkat (1994) consistente, según Aguilar, *S.A.P. Síndrome de Alienación*, 29, en el intento de la progenitora de castigar a su ex marido, sin justificación, interfiriendo en el régimen de visitas y acceso del padre a los niños, con un patrón estable de actos maliciosos contra este, sin que ese comportamiento se justifique por otro trastorno mental, aunque se pueda presentar simultáneamente.

Este criterio ha sido sostenido por los Tribunales Colegiados de Circuito[33] en el que se determinó que:

> [...] la manipulación parental sí existe y produce efectos negativos en la psique del menor que es objeto de dicha manipulación, por lo que el tratamiento y ponderación judicial deben enfocarse sobre los parámetros de protección del interés superior del menor y de equidad de género.

En congruencia con este criterio, el Estado debe intervenir oportunamente en los casos en los que se manipule a los menores en contra de sus padres. En lo personal, no considero que lo previsto en el artículo 323 Septimus del Código Civil haya sido la regulación más adecuada contra la alienación parental, principalmente porque lo mejor para el menor, que es la víctima, definitivamente no es el cambio de guarda y custodia para llevarlo con la persona que rechaza, ni tampoco la pérdida de la patria potestad para el progenitor alienador. No se trata de perjudicar más al menor, sino de rehabilitar a todos los miembros de la familia involucrados para regenerar los vínculos rotos.

El 2 de febrero de 2016, el defensor de los derechos humanos del pueblo de Oaxaca, promovió una acción de inconstitucionalidad reclamando la invalidez de diversos artículos del Código Civil para el Gobierno de Oaxaca adicionados a dicha legislación y publicados el 2 de enero de ese mismo año. Esas disposiciones regulaban la alienación parental y sus consecuencias jurídicas. Para esta legislación estatal, previo al examen de los diversos conceptos de invalidez, la Suprema Corte realizó una aproximación al fenómeno llamado "alienación parental", concluyendo, entre otras cosas, lo siguiente:

> Este Tribunal Pleno reitera la apreciación en el sentido de que en la literatura especializada en la materia no hay uniformidad ni consenso sobre la conceptualización del fenómeno conocido como "alienación parental" como un síndrome o trastorno médico identificable a través de la manifestación de determinados síntomas como lo catalogó Richard

---

[33] Tesis II.2o.C.17 C (10a.), *Semanario Judicial de la Federación y su Gaceta*, Décima Época, Libro 47, octubre de 2017, t. IV, p. 2599.

Gardner, pues un gran número de los especialistas consultados ubican al fenómeno como un problema de conducta disfuncional en un contexto de conflicto familiar, con un origen causal multifactorial.[34]

La Corte determinó también que la existencia de este *fenómeno no puede negarse* y observó necesario entender a la alienación parental desde una perspectiva amplia y abordarla conforme a ello; esto es, partir de que la detección de la conducta en un caso concreto requiere de una *aproximación sistémica a la familia y su dinámica*, que evalúe los múltiples e interdependientes factores que influyen en las respuestas de los miembros, así como las influencias de factores externos, a efecto de conocer la condición psicoemocional del menor de edad que expresa rechazo hacia uno de sus progenitores y sus causas.[35]

En este sentido, y tras el contenido que ha dado la Corte a este fenómeno, a esta conducta, a esta realidad social, considero inaplazable la regulación en todos los Estados de la alienación parental y la forma inmediata como habrá de atenderse. El autor Gregorio Peces-Barba nos habla de un proceso importante para la evolución de los derechos fundamentales: la positivación, entendida como el movimiento en virtud del cual se constata la insuficiencia del concepto de derechos naturales y la necesidad de su integración en el Derecho positivo para la eficacia social de los derechos.[36]

Podemos entender que nuestro país ha tomado ya conciencia de este fenómeno, de la necesidad de las garantías y por ello la importancia de positivizar en los Códigos Civiles para lograr la protección judicial de todos los derechos del menor.

La alienación parental como nuevo supuesto de violencia familiar

La interferencia realizada por uno de los progenitores para impedir la relación paterno-materno filial y provocar el odio de su menor hijo hacia

---

³⁴ Acción de Inconstitucionalidad 11/2016 resuelta por el Pleno de la Suprema Corte de Justicia de la Nación en sesión del 24 de octubre del 2017, párrafo 70.

³⁵ Acción de Inconstitucionalidad 11/2016, párrafos 71 y 72.

³⁶ Peces-Barba, Gregorio, Derechos Fundamentales, disponible en https://earchivo. uc3m.es/bitstream/handle/10016/10462/?sequence=1, p. 11.

el otro progenitor es destructiva y constitutiva de conductas tipificadas como violencia familiar.

La violencia siempre es despreciable, pero cuando además tiene el calificativo de ser cometida por un miembro de la familia en contra de otro miembro de la familia, que en el caso de la alienación se da por un ascendiente en perjuicio de su descendiente en primer grado, adicionalmente menor de edad, resulta a todas luces antinatural e injusta. Es una conducta practicada en abuso de la figura paterna-materna, naturalmente acompañada de una autoridad frente a los hijos, llamada alienación parental.

La Organización Mundial de la Salud (OMS) define la violencia como:

[...] el uso deliberado de la fuerza física o el poder, ya sea en grado de amenaza o efectivo, contra uno mismo, otra persona o un grupo o comunidad, que cause o tenga muchas probabilidades de causar lesiones, muerte, daños psicológicos, trastornos del desarrollo o privaciones.[37]

La violencia familiar ha sido definida por la Ley de Asistencia y Prevención de la Violencia Familiar como:

Artículo 3. Para los efectos de esta Ley se entiende por:

[...]

III. Violencia Familiar: Aquel acto de poder u omisión intencional, recurrente o cíclico, dirigido a dominar, someter, controlar o agredir física, verbal, psicoemocional o sexualmente a cualquier miembro de la familia dentro o fuera del domicilio familiar, que tengan parentesco o lo hayan tenido por afinidad, civil; matrimonio, concubinato o mantengan una relación de hecho, y que tiene por efecto causar daño, y que puede ser de cualquiera de las siguientes clases:

---

[37] Informe Mundial sobre la violencia y la salud, Sinopsis, Organización Mundial de la Salud, p. 3., disponible en https://www.who.int/violence_injury_prevention/violence/world_report/en/abstract_es.pdf

[...]

B) Maltrato Psicoemocional. Al patrón de conducta consistente en actos u omisiones repetitivos, cuyas formas de expresión pueden ser: prohibiciones, coacciones, condicionamientos, intimidaciones, amenazas, actitudes devaluatorias, de abandono y que provoquen en quien las recibe, deterioro, disminución o afectación a su estructura de personalidad.

El Código Civil de la Ciudad de México la define como:

Artículo 323 Quáter. La violencia familiar es aquel acto u omisión intencional, dirigido a dominar, someter, controlar o agredir física, verbal, psicoemocional, o sexualmente a cualquier integrante de la familia dentro o fuera del domicilio familiar, y que tiene por efecto causar daño, y que puede ser cualquiera de las siguientes clases:

I. [...]

II. Violencia psicoemocional: a todo acto u omisión consistente en prohibiciones, coacciones, condicionamientos, intimidaciones, insultos amenazas, celotipia, desdén, abandono o actitudes devaluatorias, que provoquen en quien las recibe alteración auto cognitiva y auto valorativa que integran su autoestima o alteraciones en alguna esfera o área de la estructura psíquica de esa persona; [...].

Podemos reconocer que toda forma de violencia implica una relación asimétrica entre las personas, en la que una está arriba y otra abajo, de manera real o virtual. De aquí que la violencia constituye un uso abusivo o irracional del poder a partir de una relación desequilibrada en el ejercicio del mismo.[38]

La alienación parental es violencia psicoemocional, y precisamente consiste en un patrón de conducta repetitiva que incluye prohibiciones, amenazas, condicionamientos, coacciones, celos, que provocan en la víctima un daño que lesiona su salud mental y, por ende, se considera

---

[38] Baqueiro y Buenrostro, *Derecho de Familia*, 212.

de *imposible reparación*[39]. A mayor abundamiento, este tipo de violencia vulnera también los derechos de los menores vinculados al menor alienado; tal es el caso de los hermanos cuando en el conflicto familiar son separados entre sí o de los primos pues la alienación se extiende hacia todos los miembros del núcleo familiar del progenitor alienado.

Las definiciones de todos los ordenamientos jurídicos, a nivel local, regional o internacional, que componen el marco jurídico aplicable en torno a la violencia coinciden entre ellos. Está tipificada como delito y está también regulada en materia familiar en donde su comisión tiene aparejadas consecuencias jurídicas.

La Primera Sala de la Corte ha resuelto que la violencia familiar y el delito de lesiones pueden actualizarse en el mismo evento por tratarse de delitos autónomos. Señaló también que ambos delitos tienen como elemento común el daño a la integridad física y psicológica, pero que los demás elementos son distintos, pues mientras en el de lesiones los sujetos activo y pasivo no son calificados, en el delito de violencia familiar sí, ya que deben ser miembros del *grupo familiar*; además, protegen bienes jurídicos distintos: el de lesiones la integridad personal y el de violencia familiar el derecho de los integrantes de la familia a vivir una vida libre de violencia.[40]

La violencia familiar atenta contra la dignidad humana entendida como el derecho a no ser sometido a un trato inhumano o degradante, y atenta contra la indemnidad personal en el sentido de que se vulnera su libre desarrollo.[41]

La Convención sobre los Derechos del Niño[42] reconoce que el niño debe crecer en el seno de la familia, en un ambiente de felicidad, amor y comprensión, para el pleno y armonioso desarrollo de su personalidad. Ya hemos mencionado que la diversidad de la estructura familiar no debe

---

[39] Tesis 1a./J. 182/2005, Semanario Judicial de la Federación y su Gaceta, Décima Época, t. XXIII, enero de 2006, p. 478.

[40] Tesis 1a./J. 59/2014 (10a.), Semanario Judicial de la Federación y su Gaceta, Décima Época, Libro 11, t. I, octubre de 2014, p. 536.

[41] Pablo Hernández Romo V., *Los delitos contra la familia* (Ciudad de México, Porrúa, 2005), 51.

[42] Preámbulo de la *Convención sobre los Derechos del Niño*, ratificada por México en 1990.

ser obstáculo para que el menor pueda crecer rodeado de amor y tener en su vida la presencia de todos los miembros de su familia. Tampoco debe importar cuál sea la relación que tengan entre sí los progenitores, si son pareja o si no lo son, lo importante es que les une el vínculo que comparten con su hijo. En virtud de este vínculo ambos son deudores del menor para su formación y crianza hasta que llegue la edad adulta, en la que ya podrá, ahora sí, por sí mismo, tomar sus propias decisiones. No debemos olvidar que la paternidad responsable es también un mandato constitucional previsto en el artículo 4 de nuestra Ley Fundamental. Los padres comparten la paternidad sobre sus hijos y se convierten en un auténtico equipo en el que, si no trabajan juntos para alcanzar un fin común, el desarrollo integral y la felicidad de los hijos, todos fracasan: hijos, padres, familia extendida, sociedad.

Al referirse a la familia, Domínguez Martínez señala que:

> [...] es un fenómeno de la naturaleza humana; [...] formar a la descendencia, sometida en un principio a la autoridad de los formadores hasta alcanzar con esa formación condiciones de autosuficiencia y así, sin desconocer los lazos con los progenitores y el respeto que éstos siempre merecen, independizarse para formar otro núcleo familiar y en ello dar lugar a la renovación del ciclo.[43]

Asimismo, la Convención sobre los Derechos del Niño, establece que los Estados Partes garantizarán en la máxima medida posible el desarrollo del niño, la preservación de sus relaciones familiares y a no ser separado de sus padres[44]. Todos estos derechos de los niños son violados por la alienación parental.

Aunado a lo anterior, la alienación parental vulnera el derecho del menor al libre desarrollo de su personalidad. Dicha libertad es entendida, desde una perspectiva interna, como la protección a la esfera privada del individuo en contra de las incursiones externas que limitan la capacidad

---

[43] Jorge Alfredo Domínguez Martínez, *Derecho civil. Familia*, 4ª ed. (Ciudad de México: Porrúa, 2021), 3.

[44] Artículos 6, 8 y 9 de la *Convención sobre los Derechos del Niño*, ratificada por México en 1990.

para tomar ciertas decisiones a través de las cuales se ejerce la autonomía personal[45]. La manipulación ejercida por un progenitor alienador crea en el menor alienado la convicción propia de que ha sido *su decisión* cortar con el vínculo materno-paterno, tratándose en realidad de una incursión externa.

El menor tiene derecho a la salud física, emocional y mental. La situación en la que es colocado un menor que se encuentra en medio de un pleito entre sus padres le produce estrés, baja autoestima, angustia, ansiedad, frustración, poca estabilidad, bajo rendimiento escolar, duelo, desgaste. Este tipo de violencia le genera *odio*, sentimiento de antipatía y aversión hacia alguien cuyo mal se desea[46]. Nadie quiere odiar ni ser odiado, el odio envenena el alma. Por el contrario, los padres aspiran a enseñar a sus hijos a amar, a ser empáticos, a ser generosos, formarlos en valores, principios y virtudes, y no a provocar en ellos este antivalor.

Para que el niño alcance un óptimo desarrollo se debe de asegurar y garantizar que tenga el goce y disfrute de todos sus derechos humanos, esto es, los que aseguran la satisfacción de sus necesidades básicas como alimentación, vivienda, salud física y emocional, el vivir en familia con lazos afectivos, la educación y el sano esparcimiento, elementos todos esenciales para su desarrollo integral.[47] Todos los derechos del menor son esenciales para su desarrollo, si se le priva de uno, se lesionan todos los demás.

La protección constitucional de niños y niñas

En este breve estudio podemos apreciar que los derechos de los menores que son víctimas de alienación parental se encuentran plenamente reconocidos y con ello protegidos por los artículos 1º y 4º constitucionales y que, además, nuestro máximo intérprete constitucional ha establecido varios criterios conforme a los cuales el Estado Mexicano debe actuar

---

[45] Tesis: 1a./J. 4/2019 (10a.), Semanario Judicial de la Federación y su Gaceta, Décima Época, Libro.

[46] Diccionario Real Academia Española.

[47] Acción de inconstitucionalidad 8/2014 resuelta por el Pleno de la Suprema Corte de Justicia de la Nación en sesión del 11 de agosto de 2015.

para evitar que se produzca el daño que genera este tipo de violencia en contra de los niños.

Adicionalmente, las características de los derechos humanos han sido también reconocidas y reguladas por el artículo 1o, párrafo tercero, de la Constitución Mexicana al establecer que todas las autoridades, en el ámbito de sus competencias, tienen la obligación de promover, respetar, proteger y garantizar los derechos humanos de conformidad con los principios de universalidad, interdependencia, indivisibilidad y progresividad.

La universalidad se expresa en el sentido de que todos los seres humanos son titulares de todos los derechos humanos.[48] Esta característica implica que como todos los seres humanos somos iguales: niños, niñas, adolescentes, adultos, todos tenemos los mismos derechos humanos por el hecho de haber nacido personas.

Por otra parte, entendemos también que la universalidad de los derechos humanos está relacionada con la esencia jurídica natural y moral de dichos derechos; por eso los derechos fundamentales se mantendrían independientemente de que fueran o no reconocidos por el sistema positivo local del Estado en cuestión.[49]

La progresividad de los derechos humanos indica que mediante la positivación del primero de los derechos humanos se ha generado un deber jurídico para la realización de contenidos morales desbordantes.[50] La progresividad se proyecta por un lado respecto con la prohibición de retroceder y, por otro, en tanto a las acciones positivas que debe realizar el gobernante a fin de garantizar su protección.[51]

---

[48] Hugo S. Ramírez García, "Derechos humanos: principios sustantivos para una teoría de la justicia". En Hugo S. Ramírez García y José María Soberanes Diez (Coords.), *El Artículo 1° constitucional. Una teoría de los derechos humanos* (Ciudad de México, UNAM, 2021), 213.

[49] Luis Daniel Vázquez y Sandra Serrano, "Los principios de universalidad, interdependencia, indivisibilidad y progresividad. Apuntes para su aplicación práctica". En Pedro Salazar Ugarte y Miguel Carbonell Sánchez (Coords.), *La reforma constitucional de derechos humanos: un nuevo paradigma* (Ciudad de México: UNAM, 2011), 139, disponible en https://archivos.juridicas.unam.mx/www/bjv/libros/7/3033/7.pdf

[50] Ramírez García, "Derechos humanos: principios...", 223.

[51] Tesis: 2a./J. 35/2019 (10a.), *Semanario Judicial de la Federación y su Gaceta*, Décima Época, t. I, febrero de 2019, p. 980.

El atributo de la indivisibilidad de los derechos humanos refiere que los mismos no pueden segmentarse y en ese sentido tampoco pueden jerarquizarse. La indivisibilidad de los derechos humanos resulta de una función heurística atribuida a la comprensión que vamos adquiriendo acerca de la dignidad humana.[52]

Por último, la característica referente a la interdependencia conlleva el hecho de que todos los derechos humanos están unidos entre sí y que además todos tienen el mismo valor. De aquí la dificultad de jerarquizar los derechos humanos de la misma manera como se jerarquizan otras normas.

La interdependencia señala la medida en que el disfrute de un derecho en particular o un grupo de derechos dependen para su existencia de la realización de otro derecho o de un grupo de derechos.[53] No podemos ver a los derechos humanos aislados.

En este sentido, todas las niñas y todos los niños son titulares de todos los derechos, independientemente de que los derechos sean reconocidos por el Estado. Además, el Estado está en constante acción para dotarlos de contenido y garantizarlos sin poder dar vuelta atrás. Asimismo, entendemos que los derechos de los niños no pueden dividirse, priorizarse o jerarquizarse y que el goce de todos los derechos de los niños están relacionados entre sí, de tal forma que si se vulnera uno de los derechos, consecuentemente se vulneran todos.

Lo que en mi opinión falta es una garantía efectiva, es decir, una intervención oportuna e inmediata por parte del Estado para detectar y detener la manipulación del menor a manos de uno de sus padres, la obstaculización de convivencia y la destrucción de la relación entre los hijos y el ascendiente no custodio, en el conflicto familiar. El Juez de lo Familiar tiene amplísimas facultades para actuar, incluso de oficio, en todos los asuntos que afecten a la familia, especialmente tratándose de menores, de alimentos, y de cuestiones relacionadas con la violencia familiar. Asimismo, tiene facultades de suplencia a favor del menor.[54] En uso de estas facultades, debe allegarse de todos los elementos de prueba

---

[52] Ramírez García, "Derechos humanos: principios...", 226
[53] Vázquez y Sandra Serrano, "Los principios de universalidad...", 152-153.
[54] Artículo 941 del Código de Procedimientos Civiles para la Ciudad de México.

para detectar las causas reales del rechazo del menor hacia su progenitor. Asimismo, deberá pronunciarse sobre las medidas provisionales que habrán de contribuir a la relación paterno-materno filial, como lo puede ser un régimen de visitas supervisadas. Estas visitas provisionales resultan de fundamental importancia, pues entre más tiempo transcurra sin que uno de los padres vea y conviva con su hijo, más fuerte será la manipulación y los efectos de esta.

De conformidad con el artículo 12 de la Convención sobre los Derechos del Niño, el menor de edad tiene derecho a ser escuchado en todo procedimiento judicial que le afecte. Esta opinión deberá de ser valorada por el juez de acuerdo con la edad y a la madurez del niño. Es criterio de la Corte, atendiendo al principio de autonomía progresiva, que la edad biológica no guarda necesaria correlación con la madurez y la posibilidad de formarse un juicio o criterio propio. De ahí será el juzgador quien deberá tomar en consideración las condiciones específicas del niño o niña, así como su interés superior, para acordar su intervención, siempre con una actitud orientada a favorecer la eficacia de su derecho de participación.[55]

En la Acción de Inconstitucionalidad 11/2016, la Corte estableció el marco normativo de los derechos humanos de los menores que cobran especial incidencia en la regulación legal de dicho fenómeno, destacando el derecho del menor a ser protegido contra toda forma de violencia, el derecho del menor a ser considerado como sujeto de derecho con autonomía progresiva, el derecho del menor a expresar su opinión y ser tomada en cuenta en todos los asuntos que le afectan y el derecho del menor a vivir con la familia y mantener relaciones con sus progenitores.

Por ley los jueces de lo familiar se abstienen de otorgar un régimen de convivencia provisional hasta en tanto no escuchen al menor, quien, como ya lo mencioné, tiene derecho a emitir una opinión siempre. Sin embargo, en mi experiencia profesional, las audiencias para escuchar al menor se señalan con muchos (entre 6 y 12) meses de distancia. Todo ese tiempo, le otorga al progenitor alienador, una causa "justificada" para impedir la convivencia. Así, el tiempo corre en perjuicio del menor.

---

[55] Tesis 1a./J. 13/2015 (10a.), *Semanario Judicial de la Federación y su Gaceta*, Décima Época, Libro 18, t. 1, mayo de 2015, p. 382.

Los Juzgados de lo Familiar se encuentran rebasados de asuntos. La carga de trabajo es excesiva. Sin embargo, en apego a lo dispuesto por el artículo 19 de la Convención sobre los Derechos del Niño, el Estado Mexicano debe adoptar todas las medidas legislativas, administrativas, sociales y educativas apropiadas para proteger al niño contra toda forma de perjuicio o abuso físico o mental y esas medidas de protección deben comprender *procedimientos eficaces* para el establecimiento de programas sociales con objeto de proporcionar la asistencia necesaria al niño y a quienes cuidan de él, así como para otras formas de prevención y para la identificación, notificación, remisión a una institución, investigación, tratamiento y observación ulterior de los casos de malos tratos al niño y, según corresponda, la intervención judicial.

Entonces, de ser necesario, al Estado le corresponde la obligación de crear más juzgados para optimizar el principio de la justicia pronta y expedita contemplado en el artículo 17 Constitucional y así poder dar atención oportuna y calificada a todos los niños y niñas víctimas de alienación parental. La Opinión Consultiva OC-17/2002[56] emitida por la Corte Interamericana de Derechos Humanos con relación a la condición jurídica y derechos humanos del niño señala en su párrafo 78 que la eficaz y oportuna protección de los intereses del niño y la familia debe brindarse con la intervención de instituciones debidamente calificadas para ello, que dispongan de personal adecuado, instalaciones suficientes, medios idóneos y experiencia probada en este género de tareas.

Adicionalmente, la Ley General de los Derechos de Niñas, Niños y Adolescentes[57] establece diversos principios rectores y criterios con el objeto de orientar la política nacional en materia de derechos de niñas, niños y adolescentes, dentro de los cuales se encuentra el acceso a una vida libre de violencia y el derecho a vivir en familia y a convivir y mantener contacto directo con los familiares de modo regular, para lo cual ordena que las leyes federales y de las entidades federativas contengan disposiciones para prevenir y sancionar el traslado o la retención ilícita

---

[56] La Opinión Consultiva OC-17/2002 emitida por la Corte Interamericana de Derechos Humanos del 28 de agosto de 2002, párrafo 78. https://www.corteidh.or.cr/docs/opiniones/seriea_17_esp.pdf

[57] Publicada en el Diario Oficial de la Federación el 4 de diciembre de 2014.

de niñas, niños y adolescentes cuando se produzcan en violación de los derechos atribuidos individual o conjuntamente a las personas que ejerzan la patria potestad. Adicionalmente establece que deberán prever *procedimientos expeditos* para garantizar el ejercicio de esos derechos.

Esta ley general cumple con su función de establecer parámetros para que cada Entidad Federativa produzca las disposiciones específicas y completas que permitan detectar y evitar la alienación parental, que es un tipo de violencia ya identificado por nuestro máximo tribunal y con ello impedir la violación de los derechos de los niños a cargo de las personas que ejercen la patria potestad. Considero que la legislación civil de cada Estado puede contribuir a que la intervención por parte de los Jueces sea más adecuada y efectiva.

Por otra parte, existe un Protocolo de Actuación para quienes imparten justicia en casos que involucren Niñas, Niños y Adolescentes[58] que contiene principios y obligaciones, así como reglas y consideraciones generales para los juzgadores para brindar una atención especializada a los niños y niñas. Conforme a dicho protocolo, niños y niñas *tienen derecho* a ser informados sobre el procedimiento judicial y su papel en el mismo. *Tienen derecho* a la asistencia y acompañamiento procesal. Asimismo, *tienen derecho* a rendir su testimonio, mismo que deberá de ser grabado en audio e imagen en su totalidad. La participación del menor deberá durar lo menos posible. Las pruebas periciales en psicología o psiquiatría que se practiquen a un niño deben quedar grabadas en audio e imagen. Estas grabaciones son fundamentales para evitar que el menor sea escuchado varias veces, o sometido a la repetición de periciales, pero en la práctica, no siempre se elaboran estas videograbaciones, lo que expone al menor a tener que involucrarse aún más en el pleito de sus padres y a ser re victimizado en todas las etapas procesales.

Al cumplir con las medidas establecidas en este protocolo, con sus amplias facultades para allegarse de todos los elementos, con la ayuda de otras disciplinas como lo sería los peritajes psicológicos, psiquiátricos, servicio social, entre otros, los Jueces de lo Familiar podrán tomar las

---

[58] Protocolo de Actuación para quienes Imparten Justicia en casos que involucren Niñas, Niños y Adolescentes elaborado por la Suprema Corte de Justicia de la Nación, 2ª ed., México, 2014.

determinaciones que estimen necesarias para salvaguardar los derechos del menor alienado a la luz del principio de su interés superior. Como lo señalé anteriormente, este principio es indeterminado, pero nuestro máximo tribunal ha señalado como criterios relevantes para la determinación *en concreto* del interés del menor los siguientes:

a) se deben satisfacer, por el medio más idóneo, las necesidades materiales básicas o vitales del menor, y las de tipo espiritual, afectivas y educacionales;

b) se deberá atender a los deseos, sentimientos y opiniones del menor, siempre que sean compatibles con lo anterior e interpretados de acuerdo con su personal madurez o discernimiento, y

c) se debe mantener, si es posible, el *statu quo* material y espiritual del menor y atender a la incidencia que toda alteración del mismo pueda tener en su personalidad y para su futuro.[59]

Así, el Juez deberá resolver cada caso de acuerdo con las circunstancias particulares, anteponiendo los derechos del menor. La Corte ha determinado que cuando se afectan los intereses del menor, el Juez tendrá que realizar un *escrutinio más estricto* en relación con la necesidad y proporcionalidad de las medidas de modo que se permita vislumbrar los grados de afectación a los intereses de los menores y la forma en que deben armonizarse para que dicha medida sea una herramienta útil para garantizar el bienestar integral del menor en todo momento.[60]

Por último, debemos recordar que la pérdida o suspensión de la patria potestad, el cambio de guarda y custodia y la suspensión de régimen de visitas, son medidas *excepcionales* y que proceden siempre y cuando se justifiquen en beneficio del menor, acorde a su interés superior.

La Opinión Consultiva OC-17/2002[61] emitida por la Corte Interamericana de Derechos Humanos concluyó en su párrafo 77 que el niño debe permanecer en su núcleo familiar, salvo que existan razones determi-

---

[59] Tesis 1a./J. 44/2014 (10a.), citada.

[60] Tesis P./J. 7/2016 (10a.), *Semanario Judicial de la Federación y su Gaceta*, Décima Época, Libro 34, t. I, septiembre de 2016, p. 10.

[61] La Opinión Consultiva OC-17/2002 citada, párrafo 77.

nantes, en función del interés superior de aquél, para optar por separarlo de su familia y que en todo caso, la separación debe ser excepcional y, preferentemente, temporal.

Por lo que, al ser medidas excepcionales, primordialmente deberá procurarse la *revinculación*, para recuperar o restablecer el vínculo roto o interrumpido[62] del menor hacia el progenitor alienado. Para ello será fundamental implementar un procedimiento de acercamiento progresivo,[63] con la asistencia de especialistas, la designación de un equipo multidisciplinario de profesionales, en el que las medidas adoptadas para ello, como podría ser la terapia psicológica o psiquiátrica, los talleres de educación y formación para padres de familia y todo lo que se considere necesario para restablecer el vínculo, sea obligatorio para las partes. Si se logra la revinculación, todos los miembros de esa familia serán beneficiados y principalmente se evitará que se sigan lesionando los derechos del menor. Esto propiciará que el menor logre desarrollarse integralmente y que con ello alcance su máximo bienestar posible.

Conclusión

En el desarrollo de este trabajo se ha resaltado la importancia de la familia en la formación de los hijos y como célula de la sociedad. Se ha recordado que su protección es un principio reconocido a nivel internacional, regional, constitucional y local. Al abordar el tema de la alienación parental, se ha acreditado que si bien no puede ser tratado como originalmente se planteó como síndrome, debe ser atendido como un fenómeno que viola todos los derechos de los niños.

Aunque todos estos derechos están tutelados por nuestra Ley Fundamental y han sido dotados de contenido por el máximo intérprete constitucional, la regulación de la alienación parental en las Entidades Federativas dista mucho de ser eficaz y uniforme.

---

[62] Sara Rozenblum de Horowitz, citada en Miguel Ángel Soto Lamadrid, *Síndrome de Alienación Parental y Justicia Restaurativa* (Ciudad de México: Comisión Nacional de los Derechos Humanos, 2011), 203. https://www.corteidh.or.cr/tablas/r28806.pdf

[63] Cuadernillo de Jurisprudencia de la Corte Interamericana de Derechos Humanos Nº 5: Niños, Niñas y Adolescentes, p. 382, disponible en https://www.corteidh.or.cr/sitios/libros/todos/docs/cuadernillo5.pdf

El Estado Mexicano, consciente de este fenómeno o realidad social, cuenta con todas las herramientas legales para hacer frente a este tipo de violencia y romper el ciclo, evitando así que además se convierta en un patrón de conducta que el menor alienado repita a su vez en su propio núcleo familiar en perjuicio de los menores, las familias y la sociedad.

No obstante lo anterior, el Estado aún carece de una intervención oportuna y eficaz, y considero que una legislación específica de esta realidad social llamada alienación parental en cada Estado de la República, así como la observancia del protocolo de jueces mencionado en este artículo, pueden contribuir a su mejora efectiva y a que los jueces actúen con mayor oportunidad y precisión, en beneficio del equilibrio emocional de los menores, del goce y la protección de todos sus derechos, a favor también de la familia y del conjunto de familias que conforman nuestra sociedad.

UNIVERSIDAD
Panamericana

50 AÑOS DE HISTORIA
DE LA FACULTAD
DE DERECHO
UNIVERSIDAD
PANAMERICANA

Volumen 5

DERECHO CIVIL

José Antonio Sánchez Barroso
Coordinador

para CENTROS CULTURALES DE MÉXICO, A.C.,
Jérez 10, Insurgentes Mixcoac, Benito Júarez,
Ciudad de México, México, CP. 45010
Tel: 52 (55) 5482 1600